JOSÉ EDUARDO ALCÁZAR

Seleção do presidente da República pelos internos do Manicômio Nacional

CATEGORIA

À consciência, sempre.

Logo cedo, antes do raiar do dia, nos diferentes pavilhões do Manicômio, os pacientes estavam excitados: cantavam, rezavam, riam, choravam, se abraçavam, andavam em círculos ou, disciplinadamente, sobre uma linha imaginária que ia e voltava de uma parede à mesma parede. O dia da Seleção do Presidente havia chegado e todos queriam presenciar o evento histórico. Nos diferentes pavilhões, nos pátios, nos corredores, nas escadas, muitos iam e vinham, e de novo iam e voltavam, sem interrupção e, dir-se-ia, sem propósito. O movimento de todos, a não permanência de ninguém em lugar nenhum era fato por todos visível.

Per e Grato se dirigiam ao Salão Nobre onde a seleção teria lugar. Enquanto caminhavam e atravessavam a maré em fluxo e refluxo, Per fez a seguinte observação para Grato, o colega que caminhava a seu lado:

— *Parece o mar.*
— *Parece, mas não é. São os torcedores da seleção. Querem assistir aos trabalhos da comissão, querem ver como ocorre uma seleção presidencial.*

Grato não estava convencido:
— *Acha mesmo que sejam torcedores?*
— *Acho.*
— *E estariam torcendo por quê?*
— *Não sei, o colega não sabe e eles que torcem tampouco sabem: torcem e dessa maneira participam.*
— *Me parece muito rebuscado.*
— *São os novos tempos, rebuscados, complicados, confusos e politicamente corretos: ninguém assume nada que não seja assumido por todos sem que isso signifique assumir compromisso isolado do comprometimento cardiovascular consigo mesmo ou arterial com a sociedade.*
— *Entendo.*
— *Fico muito satisfeito que entenda, porque mais tarde vou precisar que o colega me explique o que eu quis dizer.*

Per e Grato caminhavam pela Galeria de Honra que os levaria ao Salão Solene. Ambos os lados da galeria exibiam pequenas esculturas e pinturas realizadas pelos internos, que ilustravam o corpo médico de várias épocas: havia de tudo, mas o destaque era para os roedores e os insetos caseiros.

Alguns internos cruzavam, amuados e calados, com os selecionadores. Outros os saudavam aos gritos, chamando-os por nomes próprios que não correspondiam nem a Per nem a Grato.

Era dia de festa.

Chegaram à Sala do Conselho, entraram, fecharam a porta, se dirigiram até a mesa, tomaram seus respectivos lugares e ambos suspiraram ao mesmo tempo em sinal de respeito pela solenidade do dia. Iam fazer história.

1

SALA DO CONSELHO

Per comenta com o colega sentado a seu lado à mesa solene da Sala do Conselho do Manicômio Nacional:

— Caramba, colega, somos o segundo país do mundo a adotar o concurso por méritos para definir quem ocupará a primeira magistratura.

Grato aquiesceu com solenidade:

— Este segundo lugar nos enche de orgulho, nos faz sentir que somos muito mais que menos.

Per acrescenta:

— Não podemos esquecer que somos pequenos e pobres. Não pobres, pobres, mas pobres. Digamos pobres uma única vez. Ou seja, muito mais não sei se somos.

Grato reclama:

– Pobre, porque somos roubados todos os dias.

Grato faz como se não tivesse ouvido o colega:

– Não temos bomba atômica.

– Mas temos internet.

Grato se surpreende:

– Que tem a ver uma coisa com outra?

– Tem tudo a ver: com internet consegue-se a bomba atômica ou o manual para fabricá-la.

– Somos pacíficos.

– Não há países pacíficos. O que há são sociedades potentes e sociedades impotentes.

– Somos impotentes, então.

Per reclama:

– E quem lhe disse que sou impotente?

– O colega, não. Nós, como sociedade, somos um país impotente, que é o que significa ser um país pacífico. Somos um país insignificante e pobre. Pobre e pacífico. Um é a derivação do outro. Quero dizer: se um país não tem porta-aviões, mísseis nucleares, dinheiro para as embaixadas e para o *lobby*, não dá para se meter a valente! Fica-se quieto e fala-se baixo. Uma coisa é ser pacífico por índole; outra é ser insignificante por impotência.

– Acha mesmo?

– Eu acho e me responsabilizo por minhas palavras. Por que pergunta? Duvida?

– De modo algum, colega, queria ter certeza.

– Que certeza?

– A certeza certa, no sentido numismático, patentoso de desenfreada oligarquia, longitudinal e molecular. Neste sentido.

O outro faz cara de alívio:

– Ahhhh, bom, nesse sentido sim.

– Podemos continuar?

– O colega está enganado.

– Como assim?

– Ainda não começamos, então não podemos continuar. Temos que começar.

– Muito bem, colega. Aceito sua observação: comecemos.

– Demos início a nossa primeira entrevista.

– Vamos conhecer o primeiro candidato.

Per interrompe. Solene, declara:

– Tenho uma sugestão antes.

Grato indaga:

– Qual seria?

– Deveríamos, antes de qualquer coisa, homenagear alguém muito importante para nossa causa. Nossa mesmo, minha e sua, e não nossa de todos, entende?

– Entendo que já estamos homenageando a liberdade de escolher.

– Estou falando de outra liberdade, aquela que é particularmente importante para quem está dentro das quatro paredes do manicômio.

– É precisamente onde estamos.

– Por isso. Se essa pessoa que merece nossa homenagem fosse mais escutada, precisamente cá não estaríamos.

– Sinto que o colega tem algo em mente que minha mente, que não me mente, não capta. Fale abertamente, colega, quem quer homenagear?

— A doutora Nise da Silveira.

— Entendo o motivo, explique a razão, por favor.

— Basta uma, mas tenho mais: a doutora Nise era contrária ao manicômio.

— E, no entanto, cá estamos.

— Cá estamos por incompreensão, por perseguição, por má gestão, por ignorância, por descaso e por desrespeito contra ela e seus ensinamentos. Ela não só era contra o confinamento em manicômios: era contra os eletrochoques, contra a lobotomia, contra a violência desumana.

— Nem me fale.

— Falo.

— Quantos choques eu mesmo levei! E minha tia Olávia estaria viva não fosse pela cirurgia parietal. Tem razão, colega: vamos homenagear a grande Nise, incompreendida e perseguida por brutamontes vulgares, reverenciada por lúcidos e oprimidos. É preciso impedir que a sociedade doente leve adiante a insanidade de se meter a sentenciar de forma irrecorrível quem tem juízo e quem não tem. Como dizia a Rita Lee, "louco é quem me diz". Viva a doutora!

– Axé!

– Axé, Nise das Alagoas!

Per e Grato se levantam, aplaudem e fazem uma reverência respeitosa. Em seguida, se entreolham. Grato diz a Per:

– Podemos dar início... quer dizer, podemos dar continuidade ao processo?

– Antes, uma questão de ordem.

Grato olha para o colega de mesa e concorda:

– Prossiga com a questão de ordem.

– O salão está vazio.

Grato olha em volta como se precisasse atestar a condição do salão. Depois, em tom solene, anuncia:

– Devo concordar com o colega: o salão encontra-se vazio, e essa é mesmo uma questão de ordem. Se estivesse cheio, mais provavelmente seria uma questão de desordem.

– Mas o corredor que leva a este salão está apinhado de gente. Vi gente nas escadas, nas sacadas.

– Assim notei quando chegávamos: muita gente mesmo. Que estariam fazendo lá fora?

– Suponho que estivessem esperando o início dos trabalhos.

– Qual trabalho?

– O nosso trabalho, este aqui, o trabalho de selecionar o presidente.

– E por que estariam fora do salão e não dentro do salão, que é onde vai ocorrer a seleção?

– Porque ninguém os convidou a entrar.

Grato está surpreso. Exclama:

– Nosso sistema é democrático. Que entrem todos.

– Façamos ambos o anúncio.

– Vamos até a porta convidar o populacho.

– Perfeitamente.

Per e Grato se levantam, vão até a porta e gritam em uníssono:

– Cheguem! Venham! Arribem! Entrem. Venham ver o que acontece, venham conferir o que parece e vejam todos que o que parece não acontece.

Per sorri e se sente gratificado. Diz:

– Taí, gostei, saiu legal. E pensar que fizemos isso sem ensaio.

Grato vê que uma mulher está entrando pela porta, vestindo biquíni e levando uma barraca de praia a tiracolo. Reclama:

– Minha senhora, minha senhora, isto aqui não é praia nem piscina. Isto é o lugar solene onde vai ocorrer a seleção do presidente. Falta compostura a seu traje.

A mulher dá de ombros e vai entrando:

– Tudo bem, liga não. Como tudo aqui vai fazer água já, já, tô preparadona.

– Mas não pode.

– Quem falou que não pode? Nesta terra pode tudo, até chamar urubu de meu louro.

Grato olha para Per e pede auxílio:

– Que fazemos?

– Deixa ela. Não olha agora, mas dá uma espiada lá no fundo da sala.

– É para não olhar ou para dar uma espiada? Não precisa responder, porque já espiei. Um cachorro gigante.

– Cachorro porra nenhuma. É aquele senador fantasiado de São Bernardo.

– Fantasia de São Bernardo pra quê? Com este calor.

– Sei lá, porra. Sou louco de hospício e não de Senado.

– Bom, o povo já chegou ou vai chegando e entrando. Podemos começar.

– Perfeitamente, colega. Faça a chamada de praxe:

Grato ergue a voz, modula cada palavra com cuidado e diz:

– Chamo o primeiro candidato ao cargo eletivo e muito seletivo de presidente da República. Façam entrar o primeiro candidato.

2

PRIMEIRO CANDIDATO

Per e Grato, sentados à ampla mesa do Conselho esperam a entrada do primeiro candidato, de vez em quando consultando o relógio que ambos se esqueceram de prender no pulso. Todo mundo olha para a porta, mas por ela ninguém passa durante o tempo de mais de não sei quantos minutos.

O fato é que ninguém se apresenta.

O povo no recinto se manifesta em coro:

– Ele não veio, ele não veio.

Grato se dirige aos presentes e diz:

– Por favor, isto aqui não é auditório de televisão, isto aqui é um salão solene. Peço respeito e silêncio.

Ninguém se manifesta.

Per olha em volta e registra a constatação:

– Candidato número um não veio... não chegou... Dou-lhe uma, dou-lhe duas...

Nada acontece.

A plateia volta a se manifestar:

– Não veio, não veio.

Grato grita se dirigindo ao público:

– Silêncio ou mando esvaziar o recinto.

O público grita em coro:

– Transparência, transparência, seleções livres e democráticas e abertas ao público.

Grato fala em voz baixa para Per:

– Puta que o pariu. Assim não vai dar. Esvaziemos a sala.

– É tarde para qualquer solução nesse sentido. Sigamos, façamos de conta que eles não existem.

– Essa era a situação antes, nas eleições, lembra? É só ignorá-los que eles se calam. Vamos manter a calma. Quando todos estiverem calados, continuamos.

Per e Grato permanecem em silêncio. Depois de uns segundos, alguém da plateia pergunta:

– Já acabou?

Ninguém responde. Todos estão em silêncio. É hora de continuar.

É Grato quem fala:

– Parece que o candidato número um não veio.

Per responde:

– Como *parece que não veio*? Podemos constatar que não veio.

– Sendo assim, acompanho a observação do colega e digo: não veio.

Ambos concordam, examinam a ata disposta sobre a mesa e se preparam para continuar. Grato, no entanto, fixa os olhos num envelope posto a um canto. Faz a observação em voz alta:

– Colega, há um envelope.

– Onde?

– Ali, no canto da mesa.

– Identifique-o e decidimos se é pertinente a nossa missão.

– Pois não.

Per estende o braço, pega o envelope e lê o que está escrito:

– "À banca examinadora".

– Somos nós.

– O envelope nos é dirigido.

– Perfeitamente, colega. Abra-o.

Per identifica o remetente:

– É de uma candidata.

Grato reclama:

– Ex-candidata, você quer dizer. Que conversa é essa de carta? Enviou uma carta? Sem se dar ao trabalho de vir pessoalmente ou pelo menos ligar para dar satisfação? Não pode, não vale. Portanto, não é mais candidata.

– Não vale por carta?

– Não vale porque os candidatos devem estar presentes. É a norma, você sabe, é a regra.

– Por isso mesmo. Para mim, cumpriu perfeitamente a regra. Enviou uma carta, está presente em espírito, o que, dependendo da presença de espírito, é mais efetivo que certas presenças corporais. Voto por aceitar a candidatura da candidata.

– É minha interpretação que, ao falar em presença, a Constituição exige carne e osso. Não existe candidatura encartada. Ou é presencial ou não é candidatura.

– Tem coragem de defender que em espírito não vale? Quer se indispor com as entidades do mundo oculto?

— Nosso Estado é laico. Eu sou leigo nisso aí de espíritos, mas não temo ninguém.

— Isso dizem todos, mas a sociedade as teme e ninguém é louco para enfrentá-las. Além do mais, quando elas celebram uma festa, nosso Estado, que é laico, decreta feriado com comércio fechado.

Grato fica pensativo. Leva a mão ao queixo, coça a cabeça, resmunga alguma coisa. Finalmente fala:

— Não há mais a fazer senão concordar com o douto colega selecionador.

Alguém da plateia grita:

— É isso mesmo, Natal e Semana Santa são sagrados.

Per e Grato não tomam nota, e este continua:

— As considerações do colega me parecem acertadas e pertinentes. Não estou aqui para discordar de um discurso claro, objetivo e peripatético. Dito isso, concordo com o colega e peço a ele que torne audível o conteúdo da missiva.

— Além de torná-lo audível, pretendo ler o tal conteúdo. Agradeço as palavras do nobre colega e dou início à leitura. Diz assim, abre aspas:

> *Respeitável Comitê de Seleção Presidencial,*
>
> *Fui selecionada para figurar na lista final dos candidatos que poderão ser considerados ao cargo de presidente da República de vosso país. Agradeço a honra e exponho as razões para declinar de uma possível indicação.*
>
> *Cumpri a etapa de inscrição e, para ir direto ao assunto, fui surpreendida, muito surpreendida, com a notícia de que meu currículo tinha sido selecionado como finalista. Dei-me conta, então, de que havia chegado o momento de dizer não à proposta.*
>
> *É o que faço e digo agora: Não, não e não.*
>
> *Não serei candidata à presidência, não serei presidente, mesmo que tenha sobradas qualidade para sê-lo. Sou anarquista por eleição e mando à merda todos os governos. Se chegasse a governar, mandaria à merda a mim mesma.*

Escrevo isto cercada por amigas que me acompanham na hora do chá e com as quais, não bem acabe o chá, fabricarei os molotovs para as passeatas do mês contra toda merda de autoridade.

Grato conclui:
– Fecha aspas.
Aplausos da plateia.
Grato se mostra surpreso:
– Mas que é isso? Uma louca. Como chegou a finalista?
– O psicotécnico não é condição para chegar a presidente nem para ser eleitor. Há antecedentes terríveis de absurdos cometidos pelos dois, votado e votante. Eleição é uma coisa de louco.
– Verdade. Mas eu não tenho preconceito contra mim.
– Nem eu, colega. Antigamente a sociedade tinha preconceitos contra os que estão aqui dentro. E em vários idiomas, devo acrescentar. Mas as coisas estão começando a mudar. Como os de fora já provaram que não têm

competência nem para votar nem para ser votados, agora é conosco.

– É uma pena que demorou tanto a chegar nossa vez. Imagina tudo o que faremos no governo, que já podíamos ter feito. Chega de desgoverno, chega deles – diz Grato com um gesto em arco pela janela aberta como para incluir os que passavam a pé, ou passam nos ônibus, nos automóveis, nas motos, nas bicicletas, nos patins e nos *skates* da rua lotada de gente legalmente sã.

Per e Grato riem de orgulho e estufam o peito cívico.

– Bom, colega, que acha o colega de chamarmos o segundo candidato? – anima-se Per.

– Acho uma grande ideia. Digo mais: é uma ideia necessária.

Grato, sem cruzar a porta, estica o pescoço, mete a cara no corredor e grita o próximo nome da lista.

3

SEGUNDO CANDIDATO

O homem parece confiante. Entra, caminha com passos firmes e vai se sentar no lugar que lhe é indicado, a cadeira de vime posta no centro do salão vazio, de frente para a mesa de fórmica branca de onde Per e Grato dirigem a sessão.

Per fez a introdução:

– Diga nome, profissão e nacionalidade e exponha brevemente seu currículo.

– Me chamo Capello, sou simpático, crente e belo. Sou PHD em marketing, sou do mundo sem determinar minha nação. Tenho vinte passaportes e em cada um sou o mesmo diferente que se vê nos outros. Se mais quiserem saber de mim, basta consultar meus documentos. *Zi end*.

Per não entende:

– Que quer dizer?

– *Zi end*, terminei minha breve apresentação. Quem tem história apresenta um CV resumido. Estou pronto para ser inquirido. Ou mais querido. Para mim, tanto faz.

Per e Grato trocam olhares. Depois, conferem os papéis sobre a mesa. Per dá início ao exame do candidato:

– Muito bem, muito bem. Vejamos: sua ficha diz que o senhor salvou da ruína a poderosa Powel & Powel. Pode nos contar como conseguiu essa façanha?

– A receita é simples: reduzir despesas, cortar gastos, economizar, alcançar a eficiência máxima. Essa é a receita de todo êxito.

– Concretamente, como operou em sua empresa?

– Tínhamos cem mil funcionários, fizemos um diagnóstico da situação e reduzimos o número de funcionários a mil.

Per exclama:

– É uma redução brutal!

Alguém da plateia grita:

– Filho da puta!

Grato faz coro:

— Mais que brutal: é brutalíssima!

Capello contrapõe:

— Nos salvou!

— E os funcionários?

— Bem. Mil funcionários continuam trabalhando, quinze horas por dia, sete dias por semana, e estão proibidos de reclamar.

Per busca entender melhor:

— E os outros, os que foram despedidos?

— Acho que a grande maioria não conseguiu novo emprego. Continuam vadiando por aí, alguns se suicidaram, outros se entregaram à bebida e às drogas. Gentalha da pior espécie, vagabundos, sem-vergonhas.

Novo grito da plateia:

— Filho da puta.

— E acredita que poderia aplicar a mesma receita em um país como o nosso?

Capello responde com ar de superioridade:

— Por que não? Um país é como uma empresa. Há que cortar gastos, há que mandar embora para equilibrar as contas. Ficam os imprescindíveis, há que se exigir cada vez mais deles e, claro está, nunca, jamais revelar que são imprescindíveis. Não saberiam interpretar a mensagem. Os imprescindíveis são todos ignorantes.

Grito da plateia.

– Fala isso pra tua mãe, vagabundo.

O examinador desconsidera o xingamento, mas tenta colocar o candidato contra as cordas:

– Este é um país, não uma empresa. Como vai despedir gente?

– Empresa ou país, dá no mesmo. Não vê a quantidade de empresários que se tornam presidentes?

Grato argumenta:

– Mas as experiências não são boas.

Capello tem a resposta na ponta da língua:

– Há empresários e empresários. Não se pode colocar todos na mesma panela.

Per olha para o colega e comenta com uma piscadela:

– Utiliza termos de cozinha.

Capello, que ouviu a fala de Per, intervém:

– E que acha que é a política senão a arte de cozinhar questões e negócios? Em política se prepara, se condimenta e se espera que o resultado seja palatável para todos.

Grito da plateia:

– Cadê meu angu, que só me dão o caroço?

– E quando não há gororoba palatável em quantidade suficiente para todos?

– É como explicava: não há falta se se acaba com o excesso. Tem que mandar gente embora, não há outra solução. Em seguida, é cortar a luz, cortar a água, cortar os benefícios. Cortar, cortar e cortar. Enfim, marginalizar os cortados e deixá-los ao relento, sem nenhum direito. Dessa forma, chegamos ao superávit necessário para subsidiar nossa mamata.

Novo grito da plateia:

– Filho da puta!

– E depois dos cortes? – prossegue Per.

– Depois, os que são fortes sobrevivem. Do contrário, paciência. O Estado tem que ser seletivo, porque não pode cuidar de todos.

Tem que ser sincero, franco, duro, direto nas horas incertas. A história das espécies sobre o planeta é muito clara: os fracos precisam ir ficando pelo caminho.

Grato parece animado:

– Gosto do seu discurso.

Grito da plateia:

– Mamãe vai bem?

Capello continua:

– Há que sobretudo não se esquecer de varrer as ruas. Não se pode tolerar que a gente cortada durma ou viva nas ruas. A rua é feita para circular, não para permanecer.

– O senhor quer varrer as pessoas em condição de rua?

– Não as pessoas. Só as que dormem na rua.

Manifestação da plateia:

– E as que fumam na rua?

Per interfere, mas, sem dar a mínima bola para a plateia, se dirige ao candidato:

– E se são muitos?

– É só uma questão da quantidade de vassouradas. Há que os manter em bairros fechados, há que construir muros altos para isolá-los. E, nessa situação, pouco importa quantos sejam.

Per não parece convencido:

– O senhor acredita que pode conseguir uma grande adesão para o modelo que defende?

– Adesão de quem interessa, sem dúvida. Governante não precisa ouvir chilique dos insignificantes. – Dá uma rápida olhada panorâmica para a plateia, sorri levemente e continua: – Claro, vou precisar contar com a ajuda da polícia e das forças armadas, que, afinal, existem para esse fim, que é dar fim aos problemas, com perdão pelo trocadilho. O Estado se alicerça naqueles que podem mantê-lo e fortalecê-lo, que são os mais fortes e os mais armados, além dos ricos, que são os que pagam a academia para os mais fortes e compram as armas para os mais armados. O certo é que o Estado não é um albergue de caridade.

Gritos e mais gritos da plateia.

É a vez de Grato ignorar a barulheira:

– Está bem entendida sua política social. Mudemos de assunto: que pensa das *fake news*?

– Que não são português. Sou conservador também na linguagem.

– Falo das notícias falsas. Que acha delas?

– Que agora, sim, são legítimo português, como o dono da padaria. Prefiro notícias falsas.

– Como? Ao invés das verdadeiras? – perguntou Per com uma cara de ligeiro espanto. Bem ligeiro.

Antes que o candidato reagisse, vem novo grito da plateia:

– Filho da puta mentiroso.

– É importante esclarecer esse ponto. A pergunta sobre as notícias falsas é: pretende tolerá-las num eventual governo?

– Veja bem, toda notícia falsa tem algo de verdade. Não podemos jogar tudo no lixo, assim sem mais nem menos. Temos que aproveitar a parte positiva.

– Parte positiva de notícia falsa? Interessante – interessou-se Per.

– Interessante e útil – completou Grato.

– E quem decide o que é positivo na notícia falsa? – perguntou Per.

– Quem se sentir bem com a parte da notícia falsa que for positiva. É óbvio, não acha?

– Por exemplo, e se a notícia falsa falar mal do senhor? Qual seria sua reação?

– Se falar mal de mim, dificilmente será falsa. Mas, em sendo presidente, não permitirei verdades sobre mim em hipótese nenhuma. Se não for notícia positiva, proíbo-a. Se for denúncia sem base, mando castigar o infrator. Se for denúncia com base, proíbo a investigação. E mando castigar o infrator.

– Não estou muito seguro de haver acompanhado o raciocínio – disse Per –, porém desconfio que devemos seguir. Próxima pergunta: que pensa da justiça? – Antes de deixar o candidato responder, vira-se para Grato: – Que questionariozinho infantil é esse? Estou me sentindo até constrangido com a falta de imaginação dessa gente. Enfim... Desculpe, candidato, que pensa da justiça?

— O justo. A justiça é uma arma para investigar tramoias e roubos. Cometidos por outros, claro, porque investigar governante é outra coisa. É calúnia, difamação ou traição.

Grato insiste no assunto:

— É necessário ir um pouco mais fundo nisso. Precisamos entender qual é sua ideia sobre o tratamento a ser dado aos envolvidos nos desvios de conduta. Como é sua ideia de justiça? Qual deve ser, em sua opinião, o tratamento dado pelas instituições do Estado ao investigado?

— Castigar, castigar, castigar. Em primeiro lugar e antes de qualquer providência, mandar à prisão ou ao paredão. O castigo é a melhor forma de mostrar justiça.

Per entra na conversa:

— Acha isso civilizado? A justiça tem que julgar primeiro: avaliar as provas, ouvir a defesa, garantir imparcialidade do julgador. Castigo é consequência e assim mesmo se houver culpa provada.

— Bobagem. A justiça tem que castigar logo de cara ao menor sinal de indício, principalmente em se tratando da oposição. Depois, com mais calma, analisa-se se houve algum excesso. Para isso existem depois os recursos. Nossa lei está cheia deles. Mas, para manter a ordem, a justiça tem que castigar e castigar antes de tudo. Todo mundo merece castigo até que se prove o contrário.

Grito da plateia:

– No dos outros é refresco, não é, canalha?

Grato parece desconfortável com a contundência do candidato, mas é Per quem reclama:

– Me parece um comportamento muito bruto. Outra vez me preocupa o uso incivilizado das instituições.

Grito da plateia:

– É isso aí! Desclassifica esse filho da puta!

O candidato abre os braços e recebe a manifestação pública com um sorriso condescendente:

– E que querem: querem desenvolver um país sério ou pretendem continuar como republiqueta populista?

Os dois entrevistadores fazem ao mesmo tempo um movimento com os ombros, e Grato muda de assunto:

– Que acha da inflação? – Fala baixo para Per: – Tem toda razão. Também estou com vergonha do nível estudantil dessas perguntas. – Sobe a voz: – A inflação, candidato, qual sua posição sobre o controle dela?

– Penso que é uma questão muito inflacionada nos debates. Não é para tanto.

– Como pretende combatê-la?

– Com rigor e sem meias tintas.

– Pode explicar melhor?

– Poder, até posso, mas não sei se devo. Por isso, explico: o primeiro passo é baixar um decreto para eliminar a inflação.

Per e Grato sorriem sua incredulidade na cara do candidato. Balançando a cabeça, Grato diz, sem apagar o sorriso:

– Está provado que decretos não eliminam a inflação. A economia não é tão fácil de controlar.

– É verdade. Por essa razão, o decreto é apenas o primeiro passo.

Ambos os examinadores ficam sérios. Grato pergunta:

– E depois?

– Fazemos um segundo decreto para eliminar toda atividade econômica, fonte indiscutível da inflação.

– O país morre.

– E morre a inflação também. Está provado que não há inflação num país inexistente.

– Bela solução. O país acaba, nós inclusive, e o senhor perde o emprego.

– O país acaba, mas eu fico para cuidar do espólio. Se sou presidente na hora do bônus, preciso arcar com o ônus de vender o restante da tralha e apagar a luz.

Per parece decepcionado:

– Essa não é uma solução.

– Como não?

– O senhor mata o problema e mata as circunstâncias e os circunstantes, no meio dos quais nós nos encontramos. No caso, acaba com o país.

– E como é que se acaba com o cupim, me diga? Mata-se o cupim destruindo o cupinzeiro. O cupim só acaba quando o entorno dele vai junto. É preciso que não sobre nada.

– Cupim é cupim, inflação é inflação.

– Ambos são flagelos que a mão decidida do bom governante sabe eliminar. E, para eliminar, não há muita diferença de método.

Per e Grato mais uma vez se entreolham. Parecem indecisos, parecem procurar uma forma de continuar. Grato se decide:

– O senhor tem empresas, é empresário.

– Sim e com muito êxito.

Uma mulher da primeira fila diz em voz baixa, mas de modo a ser ouvida pelo candidato:

– Tu é um desses bacanas filhos da puta, né? Nunca esteve do lado de cá, né mesmo?

Grato retoma:

– Pois é. Como pretende presidir com imparcialidade? Pode haver conflitos de interesse, não é verdade? Aquela história da raposa cuidando do galinheiro...

O candidato se levanta e põe as mãos sobre a mesa:

— De modo algum. Não se esqueça de que o êxito de uma empresa do país é o êxito do próprio país. Observem como se alimentam as bolsas de valores dos países mais desenvolvidos. Vejam: temos guerras e ameaças constantes. Esse cenário alimenta a economia, já que são os governos e suas políticas os que provocam as guerras e seus lucrativos negócios. A guerra é cruel para o soldado, é bonança para o empresário e para as bolsas. Além do mais, minhas empresas estão ligadas a governos e lobistas do mundo. O país vai tirar proveito dessas vinculações.

Grato não se convence:

— O senhor vai é se aproveitar para dar uma boa mamada nos cofres públicos.

— Não seja inocente. Todos vamos nos aproveitar. — Abaixa a voz para ser ouvido apenas pelos entrevistadores: — Prometo que não vou me esquecer de vocês. — Volta a falar mais alto: — Foi até bom o senhor falar nos cofres e eu falar em não me esquecer. Me lembrei de uma coisa muito importante: quero adiantada a grana que vou ganhar como presidente. Não é por nada. É só para o caso de haver um golpe que me obrigue à fuga precipitada. Nunca se sabe.

Grato está indignado:

— Aqui não há golpes, senhor! Nunca houve. O nosso é um país sério.

— Isso dizem todos até que alguém golpeia e muda o discurso. Quero um seguro contra golpes. Acho que é razoável.

Per, também indignado, explode:

— Um seguro?

Grato é outro que explode:

— Nosso país tem tradição democrática.

— Toda virgem é virgem até que deixa de sê-lo. E olhem que pode ser de repente, em mãos de um bruto.

Grato continua explosivo:

— Aqui os militares são disciplinados.

— Há que ter a mesma certeza com o parlamento e com a justiça. Hoje os golpes para proteger a democracia democrática podem vir, democraticamente, de qualquer um dos três poderes.

Per procura se controlar e diz com mais calma, mas com muita ênfase:

– O povo não o permitiria.

– O povo é o nome genérico para o mesmo papel higiênico que usamos para limpar a merda de sempre. O povo não tem que permitir ou proibir, até porque não tem poder para isso.

Gritos da plateia:

– Ahhh, é? Quero ver tu falar isso lá na comunidade, filho da puta.

Per volta às estribeiras perdidas:

– O senhor é um cínico!

– Político, meu senhor. Político. Além do mais, quero uma linha de crédito para gastos secretos de governo.

– A que se refere?

– Ao dinheiro necessário para convencer deputados e senadores a aprovarem as leis necessárias e para convencer juízes a julgarem com a devida parcialidade as questões pertinentes ao Estado e ao estadista. Esse pessoal só se mexe ou só se imobiliza por dinheiro, muito dinheiro, ou creem que essa gente acredita no bom governo pelo ideal de servir à pátria e ao bem comum?

Grato deixa de lado a elegância da neutralidade e repreende o candidato:

— O senhor não tem vergonha.

Gritos da plateia:

— Não tem vergonha mesmo, filho da mãe, ratazana.

O candidato não liga para as manifestações. Diz:

— Um político profissional não precisa ter vergonha. Basta que busque fomentá-la nos contribuintes para que contribuam devidamente, sem sonegação nem malandragem. Mas não tanta vergonha assim, porque isso pode comprometer nossos negócios.

Per não tem muita certeza de que deva continuar com o exame do candidato, mas acaba por seguir o figurino e pergunta:

— Que ideia de honorários tem em mente?

— Dez por cento do produto interno bruto. No caso específico de seu país, devo acrescentar dois por cento por insalubridade.

Grito da plateia:

— Tu não quer nada!

— Para esclarecer — diz Per. — E tudo isso adiantado?

— Adiantado e depositado em banco de primeira linha em praia remota.

— O senhor quer dizer num paraíso fiscal, não é isso? Sinto dizer que o senhor está bastante desatualizado sobre a conjuntura internacional. Já não existem paraísos fiscais, candidato. Hoje as coisas estão muito controladas.

O candidato solta uma gargalhada e solta com deboche:

— O que deixou de existir foram os esconderijos para gente pequena. Para os que têm privilégios, os paraísos continuam operando nas melhores avenidas das grandes capitais. Pelo jeito, o senhor entrevistador é que anda desinformado.

Grato não sabe bem por que o faz, mas pergunta:

— O senhor tem muito dinheiro guardado?

— Não tome isto como falta de respeito, mas, com o perdão da expressão, vossa senhoria tá me sacaneando? Um político, para ser levado em consideração, tem que ter dinheiro, muito dinheiro. As manobras para estar de acordo com as condições deste concurso de vocês, por exemplo, me custaram uma nota. Como posso não ter dinheiro? Se não tivesse dinheiro, não estaria aqui, e o senhor nem estaria perdendo tempo comigo.

– E de onde consegue o dinheiro, posso perguntar?

– Continuam me sacaneando, preciso dizer com a devida vênia. E de onde quer que venha o dinheiro de um governante, meu caro entrevistador? Dos que têm porque fazem dinheiro, é claro: das empresas e dos empresários. De que mais poderia ser? Um governante governa para que todos possam enriquecer. Quando digo todos, me refiro por óbvio a empresas e empresários. E a melhor maneira de fazer isso é instalar a cortina da distribuição de migalhas ao populacho, de modo que tenham a ilusão de que estão ficando também com um pedaço do bolo. Estou sendo claro?

– E o governante? – Per se sente meio idiota em fazer a pergunta, mas agora é tarde, porque o outro já está dando a resposta:

– Também está no grupo dos que enriquecem, nenhuma dúvida. É só olhar para mim. Governante competente é aquele que parte e reparte para ficar com a melhor parte. O governante precisa viver bem para governar melhor. É um círculo vicioso com muitos vícios, e vício é coisa que custa dinheiro.

Per e Grato se afastam para trocar palavras em voz baixa. Falam, gesticulam, parecem buscar algum acordo. Per concorda com rápido movimento de cabeça, mas é Grato quem faz a pergunta:

– Que planos tem para a saúde?

Capello mostra em gestos o próprio corpo:

– Eu me cuido: exercícios, boa alimentação. Não precisam se preocupar com a saúde do presidente.

Grato insiste:

– A saúde do povo.

Capello conclui:

– Simples. Que façam o mesmo e terão boa saúde.

– A saúde das crianças, dos mais velhos, candidato. É disso que falamos.

– Não devemos preocupar as crianças com questões de saúde, porque não saberiam entendê-las. Quanto aos mais velhos, se não aprenderam a ter saúde durante a vida inteira, sinto muito, acabou-se o tempo. De modos que saúde não será um problema para o governo.

Há um momento de silêncio na sala. Não se saberia dizer se porque os assistentes já não veem sentido em insistir nas manifestações de indignação ou se porque os entrevistadores estão na dúvida sobre como prosseguir.

Depois de mexer por alguns minutos nas folhas do roteiro de perguntas, Grato toma a palavra:

– Que planos tem para a educação?

Todos escutam um *puta merda!* que Per não consegue disfarçar, e o candidato fica sério:

– Meu plano é não planejar nada em favor da educação. A educação é arma perigosa quando manejada fora de casa. A família, sim, precisa saber dar educação. Há que ensinar a utilizar os talheres à mesa, a não bater em vão, a não tocar as partes íntimas durante a missa, a não dizer mentira que possa ser desmentida, a não roubar sem poder carregar. Essas coisas me parecem importantes. Terão o apoio do presidente.

– Ler?

– Repare só: se todos sabem ler, o rádio vai a falência.

– Nunca vi resposta mais idiota – diz Per ao ouvido de Grato. Depois levanta a voz: – O senhor só se preocupa com o rádio? Se com a leitura, perde o rádio, sem ela perdem os jornais, as revistas, os blogs. Sem leitura, não adiantaria escrever uma carta anônima, por exemplo. Não adiantaria escrever aquelas condições em letras microscópicas nos contratos.

– Exatamente. Se o povo souber ler, vai haver leitores, e isso pode ser perigoso, não percebem? Povo que lê começa a ter ideias. Mas não se preocupem com a imprensa, se é que entendi a preocupação. Liberdade de imprensa é sagrada na democracia. Em meu governo, manteremos boas relações com os meios de comunicação amigos, mas combateremos a leitura dos textos oposicionistas.

– Como é? – Grato pede socorro a Per. – Você está entendendo?

O candidato retoma:

– A ignorância de muitos é o bem mais precioso para o governo de poucos.

– Espera um pouco. Estou meio perdido. Acha necessário que o Estado defenda o rádio contra a praga da existência dos leitores? É isso? – diz Per.

– Ao contrário do inverso do que o senhor entendeu. Rádio ou circo, temos que dar algo de entretenimento à população. É por isso que penso aquilo que penso, embora às vezes não pense aquilo que digo.

– A televisão também?

– Que quer dizer com a pergunta? Acha que a TV deve ter apoio do governo? Ah, estou entendendo. O senhor é ainda mais radical que eu e pretende idiotizar todos ao mesmo tempo, mais rápido e para sempre, não é? Não me oponho: o povo é de vocês.

– Que o senhor disse mesmo da liberdade de imprensa? – pergunta Per.

– Que é uma liberdade que deve ser reconhecida com a condição de que se definam com precisão as condições de seu reconhecimento.

Per sacode a cabeça:

– Não podemos concordar com isso. Respeitar a liberdade de imprensa é um princípio sagrado aqui em todo o mundo chamado de civilizado, em especial no grande país do norte!

– Conversa. Eu vejo diferente: a liberdade de expressão é moeda corrente de um comércio lucrativo explorado por experientes homens e mulheres de comunicação, que outra coisa não são que os mesmos homens e mulheres que ficam com o butim do governo. Quer dizer, vou resumir: controlando bem, que mal tem?

– Pelo que se vê, tem experiência na matéria, não é?

– Suficiente. Fiz a guerra, fiz a paz, fiz negócios, me mantive no poder apoiado graças a isso que vocês consideram princípio sagrado e que eu chamo fim indizível camuflado de princípio elogiável, também conhecido por *farinha pouca, meu pirão primeiro*.

– Tenho que reconhecer que o candidato não tem papas na língua.

– Embora eu preferisse ter papa no Vaticano, que significaria muito mais grana e poder. Mas boa língua e estômago à prova de pregos são condições fisiológicas essenciais a qualquer político.

Grato acha que é seu dever manifestar-se em defesa dos concidadãos:

– Nosso povo sempre teve muita fé na verdade. Não vemos com bons olhos a sua falta de cerimônia com a verdade verdadeira. Isso é muito grave, candidato. Muito grave mesmo.

– A verdade é circunstancial e exercitá-la é arte que requer prática infinita para instalar a fé incondicional na cabeça do contribuinte. A fé é inimiga da verdade. Ou amiga, não sei bem. O senhor agora está me confundindo o juízo. Preciso de um copo d'água. – E completa falando consigo mesmo para que os entrevistadores não o ouçam: – E de um pretexto para mudar de assunto.

Per lhe passa um copo e uma jarra com água. O candidato se serve sem pressa e olhando meio desconfiado para os outros dois. Depois do segundo copo, pigarreia e diz a Per:

– Obrigado.

– Que acha das armas? – A interferência de Grato não vem com muita animação.

– Ando sempre armado. Gosto das armas e não abro mão delas.

– Que acha da posse de armas para a população em geral? Essa é minha pergunta.

– Andar armado é um dever do cidadão de bem para poder enfrentar o cidadão do mal. Nada melhor que um tiro bem dado para diminuir o mal no mundo.

– Não teme que a população armada faça mau uso das armas?

– Como assim?

– Que se envolva em tiroteios e massacres, por exemplo.

– Eu não temo. Estou armado e sempre atiro primeiro.

Os entrevistadores chegam ao mesmo tempo e sem precisar de qualquer confabulação à conclusão de que já sabem do candidato o que é preciso saber.

— Muito bem, senhor Capello. Estamos satisfeitos com suas respostas — diz Per, levantando-se da cadeira e estendendo a mão ao entrevistado.

— Satisfeitos? — pergunta o candidato com uma cara de quase surpresa, ao tempo em que aperta forte e agita sem sobriedade a mão de Per.

— Sim, estamos satisfeitos.

— Onde assumo?

— Estamos satisfeitos por termos chegado ao fim de sua entrevista. Nesse sentido.

— Mas eu entendo em outro sentido. Se ficaram satisfeitos, eu assumo. É assim que deve ser entendida sua declaração de que estão satisfeitos.

— Nada disso. O senhor está tentando distorcer minhas palavras. Não é assim que funciona esta seleção. Há regras.

— Uma coisa é a satisfação com o fim de uma entrevista, outra coisa é a satisfação com o candidato — completa Grato. Também estende a mão, que é ignorada.

— Estão satisfeitos? — pergunta de novo o candidato.

– Sim.

– Então, assumo.

– Estamos satisfeitos com o fim da entrevista. Pode se retirar.

O candidato hesita por alguns segundos, mas faz uma ligeira reverência e encerra a conversa:

– Sou Capello, intrigante sem receio. Espero vossa confirmação para que possa assumir os destinos desta pátria querida. Posso fazê-la grande, imbatível, rugente como um tigre.

Sai. Os dois examinadores ficam sós e em silêncio por um bom momento. Per toma a iniciativa da pergunta:

– Que acha?

Grito da plateia:

– Um bom filho da puta, isto sim.

Grato responde:

– Um homem decidido.

Grito da plateia:

– Um puta canalha.

Per diz:

– Um homem de fibra.

– Um autêntico CEO.

– Nenhuma questão lhe é alheia.

– Além do mais, um homem de mundo. Tem vinte passaportes, o que não é pouca coisa.

Per como que acorda do acesso de idolatria:

– Me pergunto por que teria tantos passaportes.

Grato continua empolgado:

– Porque a globalização exige que se viaje, que se cruzem países e não é inteligente gastar o mesmo nome em todas as aduanas. É preciso desnortear os controladores da vida alheia. Os vinte passaportes são prova irrefutável do homem moderno que ele é, um cidadão do mundo, sem fronteiras, sem rastros nem digitais na cena dos crimes.

Per fala baixo ao colega:

– Acho melhor esvaziar o recinto antes de continuar com as entrevistas. Atrapalharam muito.

– Pois é, esse pessoal não se comporta. Mas como fazemos para mandá-los embora sem parecer medo da transparência e da lisura de nossa atuação?

– Tenho uma ideia. – Per se dirige à plateia: – Povo querido, amável e presente. O próximo candidato que vamos examinar é representante da Planalto Eletrochoques Sociedade Anônima e ele costuma pegar a plateia para demonstrar o produto que a empresa dele vende. Quem quiser tomar eletrochoque, permaneça sentado. Quem não quiser, saia correndo porque o candidato vai entrar logo, logo.

A plateia desbanda, e o salão é esvaziado em segundos.

– Façamos entrar o terceiro candidato.

– Assim seja.

4

TERCEIRO CANDIDATO

– Identifique-se: diga quem é e a que veio.
– Sou Ás e vim ser presidente.
– Calma. Não é bem assim. O senhor ainda é candidato a presidente.
– Perguntou-me a que vim. Vim a isto: ser presidente. Candidato já era antes de vir, tanto que estou na lista final. Agora chego para assumir o cargo. Creio que é bem assim que tem que ser.
– Calma. Há outros candidatos em consideração.
– Se é por isso, eliminamos todos eles, damos um golpe de Estado.

Grato é condescendente:
– Aprecio sua postura ousada, decidida, que, sou sincero, é muito apreciada por nós. Mas vamos com um pouco de calma. Parece que entende do ofício.

– Que acha? Mais de vinte anos no poder. Que acha? *Presidente Indiscutível, Líder Supremo, Pai da Pátria, Alma da Nacionalidade, Um e Único, Excelso Mandatário, Grandioso Iluminador, Paradigma das Nações, Primeiro entre os Primeiros.* Que tal?

– Estou impressionado. O senhor era tudo isso? – interveio Per.

– Isso e muito mais. Sou filho do presidente que me antecedeu, neto do presidente que antecedeu meu pai, bisneto do anterior. Presidente por destino e por ofício, sem contar o apoio escancarado da Providência Divina.

– Que aconteceu para o senhor estar hoje aqui pedindo emprego?

Ás tem um súbito ataque de raiva, fecha os punhos, bate no próprio peito, se levanta e esbraveja:

– Um maldito filho da puta camuflado. Não o vi chegar, veio pelas costas o desgraçado. Além do mais, era parente próximo, o que facilita muito o golpe da traição.

Ás suspira fundo. Parece acalmar-se. Senta-se. Toma um gole da água do candidato anterior, que ainda estava sobre a mesinha ao lado da cadeira.

Per indaga com cautela:

– E o parente tomou seu assento presidencial?

Ás volta a ficar agitado. Fala alto, gesticula, mas permanece sentado:

– Instalou um bando de urubus sobre meu assento, mandou fuzilar minhas fêmeas, os filhos, os amantes e toda a parentada vertical e colateral com o propósito único de apagar meu nome e a memória do meu nome.

Per está impressionado:

– Caramba! E como permitiu?

– Não o vi chegar, já disse. Quando percebi, eu já estava correndo, e o filho da puta me perseguindo com uma baioneta.

Grato indaga:

– Correu muito?

Ás se indigna:

– Me diga, que relevância tem a pergunta? Sou candidato a presidente, não a corredor. Corri o suficiente para estar aqui diante de um perguntador tão, com licença da palavra, aquilo que não tenho coragem de dizer.

Grato pretende ser didático:

– Por essa mesma razão, fiz a pergunta. Nos nossos países, uma boa carreira, mesmo que não tenha valor acadêmico, pode fazer toda a diferença. Me explico? Se corre a tempo, pode ter oportunidade de armar um contragolpe, entende? Isso é fundamental para a estabilidade do governo.

– Não sou idiota, entendo e respondo. Cursei a carreira militar com notas brilhantes, sou brilhante na vida militar, pelas notas na academia, pelas minhas carreiras vencedoras. Está claro?

– Está claro.

Per consulta o fichário sob seus olhos e se sente meio constrangido por fazer uma pergunta tão óbvia, quase boçal:

– Que acha da pobreza? – Fala baixo para Grato: – Foi você que escreveu essa idiotice? – O outro negou com a cabeça. Mas o candidato não se alterou:

– Deve ser eliminada.

– Como?

– Eliminando os pobres.

– Se pretende que seja uma piada, saiba que é muito velha. Se é para valer, pergunto: como os elimina?

– Quer detalhes? Vai vomitar. Os métodos mais econômicos são os mais repulsivos.

– Falamos de eliminação física, candidato?

– Física, cultural, religiosa e material, de modo que não sobre nada. Além do mais, não custa muito dinheiro, posso lhe assegurar. Meu método é tão engenhoso que um pobre paga as despesas que o Estado tem para eliminar outro pobre. E sucessivamente.

Grato se entusiasma:

– Gosto da postura do candidato.

Per o repreende:

– O colega não pode expressar suas preferências antes da hora. Está na lei.

Grato responde a Per e ambos parecem esquecer o candidato:

– Tudo está na lei: a imoralidade, a arrogância, a trapaça, a interpretação, a condenação e a salvação. Em nome de Deus, em nome do Estado, em nome das instituições, aplica-se a mesma lei de formas diferentes, e o resultado será sempre conveniente para o aplicador, nunca justo de justiça, que não passa de delírio.

Per está surpreso:

— Quem foi que lhe ensinou essas aberrações?

Grato responde muito seguro:

— Um pouco de leitura da história, um pouco de observações minhas. Não entende assim?

Per se mostra superior:

— Estou internado por lucidez excessiva, colega.

— Eu também o seria se houvesse gente com lucidez suficiente para avaliar o grau de lucidez dos outros.

Per duvida:

— Lúcido, o colega se acha lúcido? Acho que está mais para desmemoriado. Parece se esquecer com muita facilidade da própria ficha, não é mesmo? Vejamos. Relembre-me sua história, faça favor. O que foi que trouxe o digníssimo colega de banca examinadora até o interior desta nobre instituição manicomial, se é que me pode fazer a gentileza de refrescar nossas duas memórias?

Grato responde com vontade:

— Perfeitamente. Estou aqui porque matei meu pai.

— Está vendo? Parricida.

— Mas o matei em legítima defesa.

— Seu pai o atacou?

— Tramava a minha morte, por ciúmes.

— Seu pai tinha ciúmes de você?

— Isso mesmo. Entenda, eu estava apaixonado pela mulher dele, queria me meter na cama com ela, e ele não queria aceitar. Tinha, veja o absurdo, decidido me matar.

Per conclui com alguma dramaticidade na voz:

— E o colega o matou antes, não foi?

Grato faz a ressalva:

— Em legítima defesa de minha vida.

— E os médicos que o meteram aqui, disseram o quê?

— Disseram que a história é antiga, mas que o que eu fiz não se deve fazer, que não se deve desejar a mãe e que eu estava louco por ter chegado tão longe. Eu contra-argumentei. Disse ao médico que o louco era ele, que eu não havia desejado a mãe de ninguém, que eu tenho o maior respeito pelas mães dos outros e queria era entrar na cama da mulher do meu pai.

– E ele?

– Me fez vestir a camisa de força durante um mês.

– Isso sempre resolve.

– Besteira. Fiquei louco, mais louco que todos os loucos, o que acabou me credenciando a estar aqui hoje nesta tão nobre e patriótica missão.

Ás, que tinha permanecido calado ao longo da troca de palavras entre os entrevistadores, entra na conversa e sentencia:

– Seu médico, a pretexto desses Édipos degenerados, acabou com o senhor.

Grato quer saber:

– Por que diz isso?

– Ora, meu caro, essa conversa fiada de psiquiatra é o contrário do mecanismo que gera as guerras e garante a sobrevivência dos mais velhos. Os que provocam as guerras são os mais velhos, que são pais e mandam às batalhas os infantes que serão mortos. Essa é a lei bélica do mundo e demonstra justamente o contrário da idiotice dos analistas: na prática imemorial, é o pai quem odeia o filho.

Per se mostra irônico:

– Parece conhecer o assunto.

Ás responde de maneira firme:

– Fiz várias guerras, sempre os velhos generais na retaguarda, o sangue novo na vanguarda. Perdi batalhões inteiros de infantes, jamais perdi um único general. Não à toa, tenho o peito cheio de medalhas.

Grato volta às perguntas:

– Digamos, candidato, na hipótese de que seja presidente do nosso país, que pretende implementar nos primeiros cem dias de governo?

– Mudar o plano urbanístico. É o ponto um do programa.

Grato se surpreende:

– Como assim?

– Eliminamos todas as praças do país. As praças são perigosas, são foco de infecções.

– Só isso? Nada mais para fazer um bom governo? – indaga Per.

– Só isso? O fim das praças significa o silêncio, o silêncio dos cidadãos. Não se pode governar se não há silêncio. O povo tem que estar calado para que o governante possa governar e trabalhar. Por isso, começo por aí.

Grato:

– E se o povo não quiser se calar?

Ás:

– Corto as línguas.

Grato:

– E se, mesmo assim, não se calam?

Ás:

– Rompo as bocas.

Grato:

– Não se calam!

Ás:

– Corto as cabeças.

Per:

– Quantas cabeças terá que cortar, já calculou?

Ás:

– As que forem necessárias.

Grato:

– E se tiver que cortar todas?

Ás:

– Eu mesmo cortarei a última.

Per:

– Fica sem país.

Ás:

– Saberei me contentar com o governo de mim mesmo.

Per:

– Bem. – Bate na perna. – Creio que já sabemos o suficiente. O colega, que acha?

Grato está animado com o candidato:

– Este candidato enche minhas expectativas. Parece disposto, seguro, tem uma visão clara do que é governar.

Per pondera:

– Me parece uma mente muito bélica.

Grato, que se aferra às simpatias pelo candidato, quer convencer também o colega de banca examinadora:

– Uma última pergunta para o candidato: e o campo?

– No campo, há campo para tudo. Que deseja saber exatamente?

– Como vê o campo?

– Plantado, cultivado, envacado.

Grato se mostra surpreso, olha Per com um olhar de *não te disse?* e pergunta ao candidato:

– Que significa isso?

– Envacado, cheio de vacas, do verbo envacar, que quer dizer botar vacas no campo.

Grato se desculpa:

– Não conhecia a palavra.

É a vez de Ás se mostrar surpreso:

– Qual palavra?

Neste preciso instante, a porta da sala é aberta e entram dois enfermeiros vestindo impecáveis macacões brancos. Parecem apressados. Um dos enfermeiros pergunta com urgência na voz:

– Foi daqui que pediram camisas de força?

Grato reclama com veemência:

– Estamos em sessão solene, selecionando um presidente da República, respeitem a liturgia.

O enfermeiro vira para o colega e diz:

– Maneco, foi daqui mesmo. Vamos entregar as três, eles vestem e depois a gente volta para amarrar.

O segundo enfermeiro, o que carrega nos braços a trouxa de roupas, pergunta:

– Entrega a cada um ou deixa as três camisas para cada um pegar depois?

O primeiro enfermeiro está indeciso, olha para Per, depois para Grato, depois para Ás.

– Faz o seguinte: entrega pros três ao mesmo tempo pra eles não pensarem que há favoritismo.

O enfermeiro Maneco fica na dúvida:

– E aí faz como, Cataldo?

– Entrega pra cada um em ordem inversa: cê entrega a primeira camisa de força pro último, a segunda pro penúltimo e a última pro primeiro, tendeu?

– E como que eu sei quem é o primeiro?

– Porra, Cataldo, tu não presta atenção. O primeiro é quem recebe a última camisa. Falei difícil? É pra ninguém pensar que aqui tem favorito: a última camisa pro primeiro, a primeira pro último e a outra pro outro.

– Papo reto, Maneco. Vou deixar tudo sobre a mesa, que aqui, de repente, o negócio pega e é contagioso.

Maneco deixa as camisas sobre a mesa. Os dois enfermeiros vão saindo. Cataldo cumprimenta:

– Boa seleção procês!

Ás está surpreso com os últimos acontecimentos. Pergunta:

– Digam, esse pessoal tem livre trânsito no local? Quero dizer, não só aqui, mas nos gabinetes?

É Per quem responde:

– Livre trânsito e carteira assinada. Gente mimada pelo Estado.

Grato observa as anotações sobre a mesa:

– Interrupção inoportuna própria de tempos inoportunos. O candidato aqui presente estava prestes a explicar o sentido de uma palavra. Candidato, com a palavra.

– Que palavra?

– A palavra que o senhor ia explicar, não lembra?

– Nem sempre recordo. Tenho tantas palavras! Saio por aí empenhando minha palavra a torto e a direito. Faço tanto isso que não tenho como cumprir nada do que prometo. Ou seja, vivo me enredando nas palavras. Pode me refrescar a memória, digníssimo inquiridor?

– Que quer dizer envacar?

– Ah, envacar. Agora me lembro. É enganar, conhece?

Grato sorri satisfeito:

– Esta, sim.

– É a mesma coisa: enganar, engadar, envacar. Há que engadar, botar gado no campo.

– Entendo.

– Duvido – sorri sarcasticamente –, mas continuemos. Temos que engadar ou enganar e, para engadar ou enganar, temos que expulsar do campo, deixar o campo livre. Como dizia Arquimedes, não dá para colocar dois corpos no mesmo espaço ao mesmo tempo. Se deixarmos a gente do campo no campo, que faremos com as vacas sem campo? É tão simples que sempre me surpreendo quando as pessoas do campo ainda reclamam quando são expulsas do campo.

E Grato, vitorioso:

– Já sei: campo livre para o gado.

– Vejo que começa a entender. Tem um futuro assegurado como eleitor dos candidatos certos.

Grato quer saber mais:

– Continue com sua exposição. O candidato é brilhante, sou obrigado a admitir. Que fazemos com o pessoal expulso do campo?

– Não há nada a fazer. O pessoal expulso do campo sabe se organizar, forma seus grupos, seus sindicatos, para protestar, reclamar, manifestar-se. Há que engadá-los e nada mais.

– Como assim?

– Engadar, tratá-los como se gado fossem. E, claro, vigiá-los com as forças da constituição armada.

– Transformá-los em gado?

– Em cordeiros, já que estamos num país agropastoril de pecuária inclusiva.

Grato se mostra eufórico:

– Bravo, bravo! De gado a cordeiro, o senhor é um gênio da engenharia genética. Teria que divulgar essa sua competência.

Per, único que apanhou a camisa de força da mesa, dá um salto da cadeira e joga a roupa acolchoada aos pés do candidato, que se assusta e se encolhe na cadeira pela primeira vez. Per aponta a direção da porta:

– O candidato está dispensado.

– Como, dispensado? Estou contratado ou não? – comenta ainda confuso com a explosão do entrevistador.

Grato põe as mãos no ombro do candidato e segreda:

– Ainda não, mas tem meu apoio como cidadão opinante.

– Preciso de certezas firmes ou firmezas certas. Sou ou não sou o presidente?

– Ainda não, candidato.

Per é ríspido:

– Temos outros candidatos que considerar.

Ás faz cara de quem entendeu perfeitamente:

– Damos um golpe de Estado e se resolve tudo.

— O senhor parece considerar isto aqui uma mera republiqueta de bananas. Ou de laranjas, o que acaba dando no mesmo. Além disso, ainda fala como fosse fácil dar um golpe.

— E é fácil. Difícil é acabar com o parlamento e o judiciário para consolidar o golpe.

Per bate no peito:

— Nossos cidadãos são patriotas, resistem aos golpes. Isso aqui não é o paiseco que o senhor imagina.

— Não estou falando disso, dessa abstração cívica. A questão é outra. É difícil acabar com os dois, porque parlamento e judiciário nunca estão juntos. Seria outra coisa se ficassem no mesmo prédio. Do jeito que é, fica difícil bombardeá-los ao mesmo tempo, o que dificulta algum movimento rápido que precise ser feito, se é que me entendem. Certa vez tive que bombardear o congresso durante um ano até acabar com o último parlamentar.

Grato confirma, encantado:

— O último mesmo? Livrou-se de todos?

— Colega! – repreende Per.

— O último — confirma o candidato. — Nunca soube se tinha permanecido na banca para resistir ou se tinha acabado de chegar, por acaso, e não tinha conhecimento do golpe que já levava um ano, justamente pelo fato de não ser um frequentador da casa.

Grato continua:

— E o golpe foi vitorioso?

— Já era vitorioso. Com o fim desse parlamentar, acabou o parlamento e se acabaram os controles, as pressões e as ações internacionais que criticavam e reprovavam o golpe.

— Muito astuto. E já que estamos nesse assunto dos estrangeiros, diga: que há em seu programa de governo sobre a política exterior?

— A definição de que ela precisa ser exterior e nunca interior, motivo pelo qual é preciso combater as externalidades que vêm de fora e de dentro.

— Talvez eu não tenha entendido. Por isso, quero levar a conversa mais para a prática de governo. Como pensa agir nessa área?

– Depende. Se der, fazemos um bom contrato com fornecedores de armas, munições, uniformes e botas e declaramos a guerra. Se não for possível, chamamos à paz universal em nome dos altos valores da civilização.

– Maravilha, colega Per. Um estadista de verdade sabe aproveitar o momento.

Ás vai além e ensina:

– A política exterior pode gerar economias para o país.

Per e Grato trocam olhares. Per está desconfiado. Grato pergunta:

– Economia, como assim? Explique, por favor.

– Simples. Basta olhar em volta. Os grandes países, os países hegemônicos, ditam políticas exteriores.

– E que tem isso a ver conosco?

– Conosco e com outros, tem tudo a ver. Se a política exterior do planeta é gerada pelas grandes potências, não precisamos de uma política exterior própria. E isso significa que não precisamos de um ministério para cuidar de assuntos exteriores. Pense na economia em funcionários, imóveis, embaixadas, consulados, legações, vinho e lagosta.

– Não é tão simples, candidato. Calma lá. Não podemos abrir mão de nossa soberania.

– Soberania? Não me faça rir, ilustríssimo. Faço-lhe uma pergunta esclarecedora: como definiria um porta-aviões com, digamos, cem mil toneladas?

– É uma arma colossal.

– Errado, perdão que lhe diga. São cem mil toneladas de diplomacia. No caso deste país que estarei governando em breve, diga lá: quanto pesa nosso porta-aviões?

Grato duvida por um instante e depois afirma:

– Não temos porta-aviões.

– Exato. Entendeu agora? É o que quero dizer. Então, responda-me: quanto vale nossa diplomacia se não temos meios, aviões, soldados e navios de guerra para fazê-la respeitada?

Grato leva a mão ao queixo como se estivesse concentrado, absorto em algum pensamento pós-graduado. Subitamente, como se acordasse, quase grita:

– Devo concordar que é um argumento poderoso.

Per balança a cabeça:

– É um argumento capenga, com visão apenas fincanceira, que não leva em conta a geopolítica.

– É a realidade de um mundo dividido entre grandes potências – contesta o candidato.

– Que mais?

– Mais nada. Meu programa de governo só tem menos. Menos é mais, não concordam? O ministério da justiça, o sistema de justiça, as prisões, poderíamos eliminar tudo isso e economizar.

– Como assim?

Ás sorri:

– Não está muito informado, pelo que vejo.

– Como não? Nunca abandono o celular, e ele me conta sempre tudo. Não há nada que me escape. Só grupo de WhatsApp, são mais de quarenta.

– É o que quis dizer. – Grato não percebe o sarcasmo. Per desconfia que o candidato não esteja sendo respeitoso com o colega, mas deixa correr. – Veja a moda atual. Comete-se o crime, investiga-se, prende-se o meliante e que acontece?

– Que acontece?

– Se for um bandido de verdade e não um ladrãozinho de galinha, alguma poderosa nação pede a extradição do criminoso, porque crime de verdade é multinacional. Em outras palavras, o meliante, delinquente aqui, preso aqui, julgado aqui, acaba cumprindo a pena no exterior, o que, no fim das contas, é muito conveniente para a economia, já que deixamos de gastar com marmita, cassetete, cerca eletrificada e bala. Então, qual é o sentido de ter toda uma estrutura de justiça para investigar, julgar, prender? Pense na economia.

Grato está andando nervoso pela sala, a excitação da concordância entusiasmada visível nos olhos brilhosos e na testa suada. Per, ao contrário, está encolhido no canto da sala, de onde manda a pergunta em voz quase sumida:

– Será que poderíamos fazer isso?

– Não fala sério, fala? É o que hoje se faz no mundo que dá certo. Vale para meliantes comuns, gente do gueto, político miúdo e dependentes. O país de merda pode até prender, mas não fica com o preso por pura conveniência. Logo, não precisa ter cadeia nem tribunal.

Per começa a concordar com o argumento:

– É uma forma de tornar o Estado menor.

– Muito menor. Para completar, obrigamos os contratos a registrar que as divergências entre as partes serão resolvidas sempre pela justiça do raio que o parta. As desavenças entre cidadãos, pacíficas ou violentas, são a razão de ser do gigantesco poder judiciário. Se elas são empurradas para o exterior, some a necessidade desses sanguessugas. Pense na economia.

Grato parece duvidar:

– Será possível?

– Por que não, homem de pouca fé?

– Poderíamos ser criticados.

Ás retoma:

– Qual é o problema? Basta criar um excelente suporte de comunicação. Comunicar é a alma de qualquer governo.

– Mas no caso só vejo notícias que não são nada boas.

– Essas a gente não comunica. Só comunicamos o lado positivo.

– Que lado positivo pode haver num desastre? Como é que pode dar certo?

– Se não desse certo, não haveria um único governo em pé no planeta.

– Que quer dizer?

– Quero dizer que cada governo cria sua própria realidade, inventa suas circunstâncias e age de acordo com elas.

– Aí também não, candidato. Tenhamos paciência – corta Per. – A história não é invenção. Não venha com falácias, com relativismos. Fato é fato; versão é versão.

– A história passada é uma repetição ao contrário da história futura e ambas somente têm relevância quando servem aos propósitos do governo presente. Quando a realidade dos fatos não serve, a gente ajusta.

– Nossos heróis são nosso mais valioso patrimônio imaterial! O senhor precisa respeitar nossa glória pretérita.

Abre-se a porta do salão. Entra uma enfermeira com uma bandeja cheia de pequenos vidros. Ela parece muito alegre e entra cantando:

— Hora, hora, hora. Estava lá, estou aqui agora. Ora, ora, ora, vamos às gotas, aos comprimidos para deixar a loucura fora, ora, ora, ora!

Ás olha para a enfermeira e pergunta para a banca examinadora:

— Estão entrevistando para selecionar o ministro da economia? Seria uma boa primeira candidata.

Grato responde:

— Aqui só entrevistamos para a presidência.

— É que a pessoa me pareceu perdida e bastante incoerente. Daria uma excelente ministra.

Grato explica:

— Ela vem aplicar a coisa no colega.

Per esclarece:

— Não pense o senhor candidato que meu colega aqui presente está livre do ritual. Ele também recebe a coisa.

Grato se defende:

– A minha aplicação é à tarde, colega.

A enfermeira se aproxima de Per. Comanda:

– Erguer os braços, bem altos, erguer as pernas, bem altas.

Per responde ao comando:

– Caio.

A enfermeira aprova a resposta e cantarola:

– Hora, hora, hora, hora de melhora. No primeiro dia, antes do início do tratamento, levantou os braços e levantou as pernas, mas aprendeu. Ora, ora, ora. Abra a boca, ora, ora, ora, feche os olhos, respire fundo e comece a voar.

Per abre a boca, fecha os olhos. Fica imóvel.

Grato explica ao candidato:

– São os protocolos para a alta médica. É preciso sempre avaliar se o interno está curado ou ainda precisa ter a estada prorrogada. Percebeu que o colega não voou? Deve estar sem combustível e não quis passar vexame.

Por mim, estaria liberado para ir e não vir mais para cá.

A enfermeira volta a cantarolar:

– Ora, ora, ora, não quis voar como uma armora.

Ás pergunta a Grato:

– Que é uma armora?

– Uma rima. Se usasse uma palavra que não rimasse, iriam pensar que a louca fosse ela.

A enfermeira se afasta rumo à porta, cantarolando:

– Ora, ora, ora, já vim, já vi, já vou. Ora, ora, ora, vou embora.

Ás volta a perguntar a Grato:

– Tem certeza de que são protocolos para atestar a melhoria do paciente?

– Claro. Quem o senhor está entendendo que é o paciente no caso? – O candidato não tem nem tempo de responder, porque Grato emenda mais que depressa: – Mas, onde estávamos? Creio que falávamos de nossos heróis.

Per certifica:

– Sim, nos referíamos a nossos heróis.

Ás continua:

– Sim, nossos heróis. Erguidos como estátuas públicas em benefício das pombas e de ninguém mais. Veja meu exemplo: décadas de dinastia familiar, poder de avô a pai, a tio, a filho e que resta? Nada. Eu, aqui, procurando emprego, apesar dos parentes em bronze num monte de praças por aí afora. Ou seja, que é que um ganha com ser herói? Que é que a família ganha?

– O herói é alguém que serve de paradigma para as novas gerações, é alguém cujo exemplo serve para alimentar anseios e sonhos dos nossos jovens!

– Morredouros nos primeiros minutos dos primeiros instantes das primeiras duras realidades.

– É uma ofensa sua forma de tratar nossa memória. Não tenha dúvida: o povo sairia às ruas frente a qualquer ultraje que o senhor viesse a cometer caso fosse escolhido presidente.

– O que leva o povo às ruas não é nunca o ultraje, é sempre a estupidez do mau governante aliada à imbecilidade do mau governado.

Não tem nada a ver com memória, símbolo ou coisa do tipo.

Per surpreende com a calma com que se rende:

— É um diagnóstico muito oportuno, tenho que admitir.

— O governante precisa saber reconhecer uma oportunidade e utilizá-la sem demora.

Grato reclama:

— O senhor intervém em meu raciocínio, distorce tudo de forma a avalizar sua posição absurda.

— Engana-se. Tenho por filosofia nunca intervir a menos que seja absolutamente necessário me meter numa questão. Mesmo assim me meto sem intervir.

Per sorri com desdém:

— O que diz é impossível, senhor candidato.

— Para mim, impossível é dizer o que o senhor diz.

— Já disse.

— Não tomo conhecimento daquilo que é uma impossibilidade. É sua palavra contra a minha. Se estivesse na presidência, tomava conhecimento apenas para mandar esquartejá-lo em praça pública.

– O senhor não sabe o que está dizendo. Não conhecemos esse castigo brutal, não faz parte do nosso código penal.

– Todos os castigos, conhecidos ou não, são parte formadora da nacionalidade e são reconhecidos em oportunidades em que o oportunismo seja minimamente necessário. Em outras palavras: somos todas as possibilidades sempre, mesmo que a gente não saiba disso.

Grato pensa numa forma de agarrar o candidato numa armadilha:

– Que acha desta banca?

– Não a escolheria.

– A razão?

– O livre arbitro não precisa de nenhuma razão. Não a escolheria e ponto final.

Per como que acorda da letargia e sai em defesa do processo de seleção, que entende estar sendo sabotado pelas artimanhas pretensamente lógicas do entrevistado. Pensa que é hora de Ás ser obrigado a voltar às questões que interessam à banca para conhecer melhor o pretendente:

– Se o senhor for o escolhido, terá tempo para entender o que agora não entende sobre nós. Por isso mesmo, acho que preciso lhe fazer a pergunta mais pertinente neste momento: que deve acontecer quando o governante não respeita a Constituição?

– Depende da ação do governante. Entenda: todas as constituições asseguram saúde, educação, alimento, teto digno. Todas as constituições falam disso.

Per concorda:

– É verdade.

– E mesmo assim o povo não tem saúde, não tem comida, não tem educação, não tem morada digna. Pergunto: alguém vai às ruas para fazer cumprir essas obrigações estipuladas na Constituição?

É Grato quem pergunta:

– O senhor diz que não?

– Eu digo que não, e o passado me dá razão.

Per retoma:

— Em sua opinião, por que motivos o povo sai às ruas, como a gente vê de vez em quando na televisão?

— Só por questões menores, geradas por desavenças entre os sócios do mesmo espólio, que são os que governam e que vendem ao povo questões questionáveis como se fossem questões de vida ou morte.

Per acha que discordar é seu dever de funcionário engajado numa tão elevada função pública:

— Engano seu. O povo é capaz de morrer pela pátria diante dos graves perigos contra as instituições.

— O segredo é viver pela pátria. É mais difícil, é verdade, mas é mais útil e mais honesto que morrer por ela.

Grato aproveita o gancho:

— Que experiências tem de lutas pela pátria para vir escarnecer assim do civismo de nosso povo?

— Conduzi várias pátrias e, como vê, estou vivo, pronto para assumir o destino desta nova pátria. Não só tenho experiência como sempre me saí vitorioso.

Per acha que precisa esclarecer um ponto fundamental:

— Vou ao que interessa: pode firmar o compromisso de que irá respeitar a Constituição?

— Quando for necessário respeitá-la para não perder o pescoço, vou respeitá-la. Quando tiver que dizer que eu a respeito para salvar as aparências, vou dizer isso. Quando tiver uma maioria de aliados que não a respeitem, vou desrespeitá-la com legitimidade, porque estarei respeitando a vontade da maioria. Ou seja, de um jeito ou de outro, agirei sempre com respeito.

Per acha que já ouviu o suficiente e diz isso num canto da sala a Grato, que insiste em seguir com o protocolo e fazer todas as indagações do questionário oficial.

A contragosto, Per se dirige ao candidato mais uma vez:

— E o meio ambiente, o futuro do planeta?

Ás responde logo, como se tivesse todas as respostas na ponta da língua:

— É um ambiente carregado. Há muita publicidade feita por gente que só quer atrapalhar os negócios. Permita-me uma pergunta: quantos filhos tem?

Per responde:

— Não tenho filhos.

— Tampouco eu. Então, por que razão se preocupar? Viveremos uns dez ou vinte anos mais. As mudanças chegarão quando já não estivermos aqui. Os mares subirão, os ventos se tornarão monstruosos, chegarão os desertos. E daí? Eu tenho meu ar-condicionado, minha horta caseira e, quando tenho fome, peço um *delivery*. Não me interessa a mudança climática, não a vejo.

A crítica vem de Per:

— Pensa sempre em si mesmo, pelo que vejo. Ou seja, não parece o mais indicado para cuidar dos interesses coletivos, não é verdade?

— Amar ao próximo como a si mesmo é a regra. Se não pensasse em mim, como pensaria no senhor, por exemplo? Exercito o amor a mim como uma forma de aprendizado para, no futuro, bem no futuro, começar a amar o próximo.

Grato, mais uma vez, expressa sua satisfação:

– Tem resposta para tudo, é ágil de mente, malabarista com as palavras. De que mais precisamos, colega? – A pergunta é para Per, que apenas olha e calado continua.

– Sou ou não sou o escolhido, o novo presidente? O senhor ou o senhor – aponta a cada entrevistado – é ou não é meu futuro ministro da pasta que quiser? Aceita ou não ser um guardião poderoso dos tesouros do Estado? – Pisca o olho esquerdo e abre um sorriso largo.

Per reage prontamente:

– Está querendo corromper um membro desta banca examinadora?

– Jamais. Seria subverter a ordem das coisas. É a mim que devem buscar corromper. Entenda, um governante está cercado por corruptores e não deve se indispor com essa gente. Por esse motivo é que permite a corrupção. Seria suicídio político não atender um corruptor, e eu, com toda a sinceridade, não gosto de morrer nem metaforicamente, entendem?

Per fala olhando alternadamente para os dois:

– Sabe falar, mas a mim não engana. De qualquer modo, é preciso esperar, porque ainda estamos no processo de seleção.

– Esperar era antes. Esperava-se pelo dia da eleição, pela hora de botar o voto na urna, pela contagem de votos, pela eficiência das trapaças.

– Fez muitas trapaças? – pergunta Per.

– Trapaças legais e trapaças ilegais. Sou um governante. A meta de um governante é chegar ao poder e permanecer no poder.

– Doa a quem doer?

– A mim não dói, nunca doeu.

Per fala quase num sussurro:

– Não creio que consiga a designação.

– O senhor não acredita, e eu vou embora. Digo-lhe que tenho outro oferecimento de negócio e que este, em verdade, não me interessava muito. Seu país é muito pequeno para meu grande apetite.

Grato ainda não entregou os pontos e procura encompridar a conversa com um candidato que considera muito adequado para o posto de presidente:

– Podemos saber que negócio lhe ofereceram?

– Vou ocupar o cargo de gerente geral da ALGE, Alimentos Gerais.

– É um cargo e tanto! Quantos abatem por dia?

– Um milhão por hora!

Per faz cara de nojo e diz:

– Dizem que, além de gado, pessoas sem documento, imigrantes, recém-nascidos, cachorros e macacos, tudo entra nessa conta, não é verdade?

– Nosso lema é: o que entra em pé sai em arroubas ou latas. Temos orgulho de alimentar a população do mundo.

Per está ainda mais enojado:

– O senhor é um porco.

– E, no entanto, fiquei entre os finalistas de vosso concurso.

Grato opõe-se ao colega de banca:

– Creio que seria um bom presidente. É um homem decidido.

Per retoma:

— Não tem escrúpulos.

— É o que quis dizer. Nem escrúpulos, nem vergonha, nem sentimentos. É um homem moderno, que é o que precisamos para nos governar. Como vê, não discordamos na avaliação das qualidades dele. Convido o colega a repensar sua conclusão.

Per faz uma advertência:

— Esta gente se instala no poder e não sai nunca mais.

— Para esses casos extremos, teremos sempre o pelotão de fuzilamento.

— Eles cooptam até mesmo o pelotão.

Per e Grato se calam por um bom tempo. Está claro que não sabem de que maneira continuar ou concluir a entrevista.

Ás toma a palavra:

— Vejo que estão com um dilema: por um lado, me querem; por outro, não me querem. Para lhes fazer um favor e acabar com a questão, declaro solenemente que só tenho um lado e não dois. Portanto, como não há outro lado, há só um lado, ganha o lado único, que é declarado vencedor. Que acham?

Per responde:

– Candidato, sua argumentação é dialética e monoclástica. Nosso país é pedantofóbico e tradicional. Dessa forma, declaro eliminado o candidato, se o companheiro Grato nada tiver a opor.

Ás se levanta:

– Vou embora. País de merda!

Quando ficam sós, Grato diz a Per:

– Pena, tinha simpatias pelo candidato.

Per parece espantado. Reprova o colega:

– Simpatias? O colega não viu que o candidato não calçava meias no pé esquerdo? Já pensou no que diriam os salões da República? Jamais nos perdoariam.

– Perdão, colega, não percebi esse grave detalhe. E tem razão, os salões jamais nos perdoariam.

– Chamemos o próximo.

5

QUARTO CANDIDATO

Per e Grato se entreolham. Per fala:
– Temos um problema.
Grato não entende:
– E qual seria esse problema?
– O candidato é uma mulher. Melhor dizendo: a candidata é uma mulher. Quero dizer: a próxima candidata que devemos entrevistar é uma mulher.
– Sim, e daí?
– Vamos receber uma candidata e somos dois homens.
– E daí?
– Recebemos a candidata, nos levantamos por cortesia, ficamos em pé para cumprimentar a candidata?
Grato continua sem entender:
– Sim, como poderia ser diferente?

– Esse é o ponto. Se a tratamos com deferência, como se deve tratar uma mulher, ela pode, perfeitamente, entender que a estamos tratando como uma mulher.

Grato está perplexo:

– Sim, realmente não entendo. O colega passa bem?

– Não está entendendo.

– É precisamente o que acabo de lhe dizer.

– Como tratar uma mulher que é candidata ao cargo de presidente da República, em igualdade de condições com um homem, sem que ela pense que, por ser mulher, nós, homens do comitê de seleção, a estamos tratando como mulher?

– Repito: sente-se bem, colega? Não estaria sofrendo um derrame, um troço assim? Quer que chame a ambulância?

Per se dá por vencido:

– Chame a candidata e vejamos o que acontece.

A candidata entra.

Grato como que se surpreende:

– É uma mulher!

Per lembra:

– É uma candidata com os mesmos direitos de um homem. Nesse sentido, é um homem.

– Ela, um homem? O colega delira e está me sacaneando.

– É um candidato com roupa de mulher, e merece nosso respeito, o mesmo respeito que estamos tendo com os com roupa de homem.

– Acrescento algo muito pessoal – abaixa a voz de modo que só Per ouça: – além de respeito, merece meu aplauso, minha admiração e um beijo na boca que fantasio no meu interior e que agora, neste instante, não posso entregar-lhe de fato sobre os lábios, entreabrindo-os com a língua a caminho do fundo da boca.

Per dá um safanão no outro e a descompostura vem com igual cuidado, em voz baixa:

– O colega é um animal. Não se contém diante da candidata, quero dizer, diante do candidato.

– Animal é você que não sabe fazer a distinção entre uma coisa e outra: macho é macho, fêmea é fêmea. Estamos frente a uma fêmea, animal. Eu tenho grande admiração pelas fêmeas, quero dizer, pelas mulheres.

– Desculpe, senhora candidata. – Per levanta a voz. – Este abrutalhado, meu colega, não sabe ser correto do ponto de vista político ou de qualquer outro. Candidata, apresente-se, diga seu nome e fale de si em breves palavras.

A candidata está muda. Per volta a falar:

– Candidata, diga quem é em breves palavras.

– Eu?

– Sim, a senhora. A senhora é a candidata.

– Eu?

– Sim, a senhora. A senhora é a candidata.

– Eu sou a candidata?

– Sim, quem mais poderia ser?

– O senhor.

– Não, eu não. Eu sou o entrevistador de candidatos, e a senhora é minha entrevistada.

– E vai me entrevistar?

– Vamos entrevistá-la, eu e meu colega aqui presente.

– Ambos? Tenho medo. Dois homens juntos e ao mesmo tempo, tenho medo.

– De que tem medo?

– De dois homens juntos e ao mesmo tempo.

– Que quer dizer, minha senhora?

– O que acabo de dizer, que tenho medo de dois homens juntos e ao mesmo tempo.

– Não entendo. A que se refere?

– À guerra, à revolução, às tropas desatadas e sem comando.

– Sofreu a guerra?

– Sou filha da guerra, nasci na guerra, fui concebida na guerra e não tive filhos na guerra porque sou estéril por causa da guerra.

– Pobre mulher.

– Alto lá. Eu posso reclamar o quanto quiser, mas não admito que busque me diminuir com lástima ou pena. Quem pensa que é?

– Perdão.

– Machista de merda. Se chegar a ser presidente, vai pro pelotão de fuzilamento.

– Essa mulher não é nada fácil – sussurrou Grato.

– Vamos logo, comece a entrevista, não disponho de muito tempo.

– A senhora tem algum compromisso para depois?

– Tenho uma entrevista para rainha.

– Rainha? – espanta-se Grato.

– Rainha de um reino. O sufrágio universal está em decadência, mas a verdade é que também o poder hereditário vai ficando cada vez mais fora de moda. Hoje, ninguém confia no tirocínio de um príncipe bebê, ninguém confia numa cavalgadura que ostente um sobrenome com direito a título herdado da fonte inoxidável de um legítimo entreperna dinástico, apenas pelo detalhe de ser uma cavalgadura. Hoje, não bastar ter o direito divino de ser rei, rainha, príncipe consorte. O nobre ainda precisa se rebaixar a ganhar legitimidade puxando os sacos plebeus da opinião pública.

Per parece maravilhado com o resumo da análise sobre o poder na atualidade:

– Que barbaridade, como mudam as coisas, como muda o mundo. O candidato tem toda a razão.

Grato teme não estar acompanhando a conversa:

— E onde a desejariam rainha, se me permite perguntar?

— Para que quer saber?

— Nada mais que para facilitar-lhe uma condução ao aeroporto que a mandará até a entrevista para ser rainha do possível futuro reino.

— E quem disse que viajo em avião?

Grato amacia a voz e busca transparecer gentileza:

— Minha senhora, tenho um conhecimento razoável dos reinos no nosso planeta. Conheço nossa posição geográfica e lhe asseguro que o avião é o meio mais rápido para chegar à corte mais próxima de onde estamos.

— Vou a pé.

— A pé?

— Como, a pé? — assusta-se Per.

— Este é o quarto andar, não é?

— Isso mesmo.

— Posso subir um andar, até o quinto. Lá me esperam para entrevistar-me como possível futura rainha.

– Aqui, neste prédio? Senhora, isto é uma República! – Per coloca-se de pé e aproxima-se da candidata:

– Este é o prédio dos três poderes, senhora. Dos três poderes de uma República assaz republicana.

– Mesmo assim, me esperam no quinto andar.

– No quinto andar funciona o parlamento desta República, senhora. Está havendo um terrível equívoco ou a senhora foi, sinto dizer, enganada.

– Enganado está o senhor. Pelo visto, os do quinto andar querem trocar a República por uma monarquia.

– Não podem – corta Per. – Não podem. Seria um golpe de Estado.

– Eles, do quinto andar, dizem que não é um golpe.

– É uma interpretação casuística do parlamento. Não tem como prosperar, porque temos instituições em pleno funcionamento.

A candidata toma a palavra:

– É sempre uma questão de interpretação, no amor ou na guerra e em tudo o mais que se coloque entre esses dois extremos.

– A senhora é uma potência. Vê-se isso na determinação com que quer fazer com que engulam suas posições. Não posso deixar de reconhecer essa característica.

A candidata aproveita o momento:

– Já me elogia como mandatária?

– Devagar com o andor. Reconheço, mas não é suficiente. Ainda nem começamos a questioná-la.

Per e Grato se entreolham e trocam palavras em voz baixa:

– A verdade é que ela acaba de nos revelar fatos gravíssimos em nossa República. Estamos frente a um golpe de Estado cogitado pelo quinto andar – começa Per. – Não dá para ignorar a situação.

– Tem razão. Não sei se podemos continuar – concorda Grato. – Podemos até ser responsabilizados por omissão.

– Verdade. Há um golpe de Estado em curso e temos que defender a República.

— Que fazemos?

— Registrar um B.O.? Pode demorar. Podemos ir direto e agora mesmo às praças e convocar os manifestantes. É a maneira mais efetiva de desmobilizar os golpistas.

— Nós dois, colega? Levaríamos uma surra brutal antes de chegar à calçada.

— Que fazemos, então? Ligamos para a embaixada?

— A que nos vigia noite e dia para nos foder dia e noite? Vão repetir que não se metem em questões internas. Sabe que é assim.

— E a igreja?

— O colega acha que a igreja iria se indispor com a Monarquia?

— A classe política, então?

— Aí é que está. Não sabemos se os golpistas são oposição, situação, acomodação, postergação ou negociação. Não. É perigoso. Precisamos de outra solução.

A candidata começa a mexer-se na cadeira, incomodada com tanto sussurro.

— Não faço a menor ideia — observa Grato. — Falta-me experiência neste particular. Sei defender questões menores.

— Seu bolso, por exemplo.

— E quem disse que meu bolso é uma questão menor?

— O colega iniciou essa linha de argumentação.

— Deixemos de lado nossos interesses pessoais. É o melhor, porque acabamos de nos deparar com algo muito maior.

— Não tenho certeza de que seja maior. Digamos que seja diferente.

— Que seja. Creio que, de toda maneira, devemos neutralizar a futura rainha. Se a prendermos aqui mesmo, por exemplo, não haverá rainha e liquidamos o golpe no berço.

— Explique.

— Em primeiro lugar, temos que ver se a rainha, melhor dizendo, se a candidata a rainha é um instrumento dos golpistas ou se é parte atuante do golpe.

Per abre os braços em quase desalento:

— Também temos que ver se há outras candidatas. Não nos serve prender esta e logo depois chegar outra candidata.

Grato não perde tempo:

– Senhora candidata, diga-nos: sabe quantas candidatas há para ocupar o prestigioso posto?

– Disseram que eu seria a única e que, se eu fosse aprovada na entrevista, seria de imediato a rainha.

– Está presa – Per disse de repente.

Grato olhou surpreso para o colega, ao mesmo tempo que a não menos surpreendida candidata, que perguntou com olhos arregalados:

– Quem disse e o que foi que disse?

– Digo eu, diz ele, dizemos nós.

– Dois homens, ao mesmo tempo e no mesmo lugar e ainda por cima com o mesmo desejo. É minha sina, é meu inferno.

– A senhora tem que consultar um psiquiatra – diagnosticou Grato.

– A senhora teme os homens – completou Per.

– Se chego a ser presidente ou rainha, decreto por lei a castração voluntária ou compulsória, a começar por vocês dois.

– Que fazemos? – Grato se dirigiu ao colega.

– Estamos num dilema – disse o outro.

– Entendo sua dúvida.

– Se a escolhemos, nos castra.

– Se não a escolhemos, é possível que sejamos castrados de igual forma por conta do golpe do quinto andar.

– É isso. O diabo é que neste momento estamos sem poder central a quem recorrer.

– E, se não atuarmos logo, é possível que fiquemos sem poder lateral e longitudinal.

– Se a consideramos candidata eleita, ela assume o poder como presidente e acaba com o golpe de Estado monárquico que se gesta no quinto andar.

– Mas se corre o risco de ser castrado – grita Grato. Olha para a candidata, e ela lhe sorri de forma ambígua.

– Lhe parece?

– A candidata foi muito clara.

– Que fazemos?

Per leva as duas mãos à cabeça. Concentra-se:

– Acabo de receber uma mensagem.

– O colega acaba de receber uma mensagem? Não vi nada acontecer.

— Acabo de receber uma mensagem telepática e basta. Estamos num livro e essas coisas inesperadas costumam ocorrer num livro com personagens como nós.

— Não sabia que estávamos num livro — olha em volta curioso —, mas aceito sua explicação. Que mensagem recebeu?

— Nosso colega de pavilhão, Dudu, está preso no quinto andar.

— Como, por que razão?

— Parece que Dudu se apresentou no quinto andar para se candidatar a presidente.

— Como no quinto andar? É aqui, é no quarto andar que estamos escolhendo o presidente. E ele não está entre os pré-selecionados.

— Pois é. Dudu queria dar um golpe antes do golpe que entronaria a candidata.

— Filho da puta.

— Político ansioso — divertia-se a candidata.

— E que quer o parlamento? — perguntou Grato.

— Trocar prisioneiros — informou o colega.

– E que fazemos, trocamos um golpista por uma golpista ou o oposto, que dá no mesmo e é igual?

– Jamais, não podemos ceder a uma tentativa de chantagem.

– Colega, não sei por quê. Não entendo a surpresa, se ceder a chantagem é o que fazemos sempre. Governar não é outra coisa que chantagear e receber o troco. Política, teu nome é Chantagem.

– Abastarda a política.

– Difícil abastardar bastardos. Aliás, conto-lhe: nasci bastardo, fruto natural de um senador e de uma cozinheira. E daí? Qual o problema de a política ser abastardada? A não ser que o colega veja algum problema em mim.

– Uma cozinheira que cozinhava o senador – riu-se Per.

– Nunca soube os detalhes. – Grato estava sério. – O que sei é que o senador comeu a cozinheira que cozinhava para a família dele.

– Desculpe, não quis ofendê-lo.

– E por que acha que me ofende? Pela cozinheira? Por chamar o ato pelo nome?

Todos nascemos de um instinto natural. Se o convite ao pecado é soprado aos ouvidos de uma rainha de papel passado ou de uma cozinheira puta da pior espécie, não faz a menor diferença.

– Você está louco.

– Você também.

– Mas você é um louco desrespeitoso, misógino. Por que a mulher é puta na relação extraconjugal? Porque é extraconjugal? E o homem, que está na mesma relação extraconjugal, é o quê? Tem um nome ofensivo pra ele também?

– Não mude de assunto. Que fazemos?

– Estou pensando.

A candidata intervém:

– Dou-lhes uma ideia.

Per faz cara de desalento:

– Como vai me dar o que não tem?

Grato afasta o outro com um puxão no braço e se aproxima da candidata:

– Qual?

– Primeiro, um golpe de Estado no golpe de Estado. Não é complicado. Vocês decidem os detalhes. Logo depois, me nomeiam presidente. Eu, como presidente, ordeno a invasão do quinto andar, mando fuzilar o candidato a rei e toda a corte e acaba tudo. Aí, restauramos a República no prédio inteiro.

— Me parece razoável. Que lhe parece, colega? — Grato se dirige a Per.

— Pode ser razoável. Mas me diga como a senhora formaria o gabinete. Afinal, não se pode dar um golpe sem já ter tudo definido.

— Com os melhores, é claro.

— E quem são os melhores?

— Vocês, meus assessores, por exemplo, têm lugar garantido.

— Que lhe parece? — entusiasmou-se Grato.

— Que me parece? Me parece que... — ia dizendo Per.

— A mim também — cortou Grato.

— Então, senhora candidata, adiante com o golpe.

— Presidente, ordene, estamos a suas ordens — perfilou-se Grato.

— Ministros: Guerra!

– Guerra! – gritou um.

– Guerra! – fez o mesmo o outro.

– Convoquemos os infantes para a vanguarda – comandou a presidente.

– E os mais velhos, os mais experientes, para a retaguarda. Mobilização geral, serviço militar obrigatório – completou Grato.

– Estado de sítio enquanto durar a emergência – decretou a monarca.

– A Pátria nos chama.

– A Pátria no convoca – secundou Per.

– Eu posso fornecer víveres – disse Grato, calculando mentalmente os lucros.

– Eu me encarrego de armas e munições – continuou o outro, pensando em quantos minutos levaria para assaltar o arsenal mais próximo.

– Eu garanto o marco institucional – arrematou a presidente.

– Por cinco anos – disse Per quase como se fosse uma pergunta à presidente golpista.

– Depois, recomeçamos tudo de novo.

– Recomeçar, recomeçar num ciclo sem fim.

– É a vida.

– Para melhorar este estado de coisas, tenho uma ideia – interveio Grato.

– As ideias são perigosas, mas, por esta vez, expresse-a.

– Para termos um marco institucional de maior duração, que lhe parece se a nomeamos rainha vitalícia?

– Gosto da ideia. Mas, por que não presidente vitalício?

– Atrai muita atenção, muita gente critica, os jornais falam mal, a sociedade despreza. Rainha é melhor. Um reino é um reino, obra-se com transcendência a longo prazo e sob as bênçãos dos céus.

– Não entendo, mas deve ter razão: rainha, então. E vitalícia.

– Mudemos a Constituição.

– Como?

– O colega e eu concordamos e fim da questão. Está de acordo, majestade?

– Estou de acordo.

– Acabamos de modificar a constituição, de República a Reino. Que acha, majestade?

– Acho que o senhor é um atrevido. Como ousa se dirigir a sua rainha sem antes fazer a reverência?

– Desculpe, minha majestade.

– Ignorante. Você não tem majestade, eu sim a tenho. Ordeno que o decapitem por subversão. Cumpra minha ordem – disse, olhando para Per.

– Lamento, vai perder a cabeça – comentou o encarregado da execução.

– Já? – assustou-se Grato.

– Cumpro ordens.

– Éramos colegas, não pode me fazer isso.

– A vontade do soberano não se discute.

– Mas é minha cabeça e não a sua.

– Uma cabeça nada vale frente a uma vontade real.

– Eu não quero perder a cabeça – Grato estava quase chorando.

– E para que a quer se já não pode expressar nenhuma ideia?

– E quem subministrará alimentos ao reino?

– Não se preocupe com isso. Alguém com a cabeça presa ao pescoço tomará o seu lugar.

— Reino sanguinário, isso é o que isto aqui se tornou!

— Todos os reinos são assim, vassalo. Turbulentos no começo, estáveis a longo prazo. Pena que não vai estar vivo para ver.

— Já o decapitou? – perguntou impaciente a rainha.

— Ainda não, majestade. Resiste brincando de dialética.

— Dialética, me diz? Então, aplique-a em si mesmo e corte seu pescoço também. Por procrastinação reiterada. Cumpra-se.

— Majestade, ainda não comecei minhas funções como assessor do reino.

— Não seja por isso. Nomeio-o *honoris causa* e o desnomeio *post mortem*.

— Agora, sim, majestade. Dentro dos conformes legais, obedeço. Morro e ao morrer faço companhia a meu colega republicano.

Morre.

— Malditos. Dois homens em uma mesma situação, com um mesmo ideal. É minha ruína.

A candidata está só. Caminha de um lado a outro. Fala em voz baixa:

– Rainha, rainha. Sou rainha de um reino de merda, já que não tenho ninguém além de mim. Me tenho a mim e mais nada. Belo reinado. De que me serve ser rainha se não posso reinar sobre ninguém mais? Reinar, inspirar, fazer com que os súditos me respeitem e sigam meu nobre exemplo, fazer com que os desígnios do além cheguem a todos por intermédio do cetro real divinizado. Sou rainha por designação de forças que não se mostram à plena luz e que, no entanto, iluminam a todos. No entanto, na realidade não passo da rainha de dois homens mortos. É meu destino, dois homens na mesma condição. Sou rainha ou não sou rainha? Se sou rainha, tudo posso. Uma rainha sempre pode, é seu poder divino. Vejamos. Vocês dois, voltem à vida, ressuscitem, levantem-se. Eu ordeno!

Ambos os homens se mexem. Ambos passam as mãos pelo pescoço. Ambos se erguem.

– Caramba, o colega é muito bruto. Cortou-me o pescoço!

– Recebi uma ordem de sua majestade.

— O cidadão pode rebelar-se contra uma ordem de sua majestade. Está escrito na Constituição o direito à rebeldia contra as ordens absurdas.

— Sinto, mas avaliei que no caso não valia a pena desobedecer, até porque nem era tão absurda assim.

— Porque não era seu pescoço.

— Pode ser, mas lhe digo algo: tive sorte semelhante e fui obrigado a cortar-me o pescoço eu mesmo.

— Como todo funcionário público, o colega é um malabarista.

— Basta de conversa fiada. Estão em presença da rainha — disse a ex-candidata depois de bater duas palmas estaladas.

— Majestade — inclinou-se Grato.

— Puxa-sacos.

— Ordene, majestade.

— Dite — repetiu Per.

— Que se faça minha vontade.

— Morte à República!

— Vida à Monarquia! — gritou Per, mas com menos entusiasmo que o colega ex-entrevistador e ex-morto.

– E a Corte? Onde anda que não está aqui me bajulando? – inquiriu a rainha.

– Ainda não foi constituída, como vossa majestade se lembrará. Entendemos que a Corte deva ser nomeada entre nossos pares alienados. São todos próximos a nós, de berços conhecidos, da elite descabeçada da nação.

– E os médicos do manicômio?

– Ao paredão imediatamente. Conhecem muito sobre nós, sobre como isto está começando. São perigosos.

– Faremos isto? – perguntou retoricamente a recém-poderosa rainha.

– Claro que sim, eterna majestade.

– Cumprimos o sonho de toda república – constatou ela.

– Ser eterno como um reino – traduziu Per.

– Cumprimos o sonho de todo republicano.

– Nunca deixar o poder.

– Cumprimos o sonho de todo governo.

– Nunca entregar a rapadura. Ter um poder que emana de Deus e que não depende do voto da gentalha. Viva a Monarquia!

– E que fazemos com o povo? – perguntou a rainha, quase sem esperar resposta, enquanto passava as mãos no vestido, como se ajustasse o manto que ainda não estava ali. – Quer saber? Eu sei o que vamos fazer. Deixemos que siga sendo povo, morando lá fora e em silêncio. Ah, e que coma biscoito.

– Biscoito?

– Assim disse Marioneta Antônia.

– Maria Antonieta, majestade. Mas não acho sensato espelhar-se nela. Olha que não deu muito certo – ponderou Per.

– É possível que não tenha tido muito êxito, mas, pense bem, depois de quantos séculos de monarquia é que veio o desastre? É preciso comer toneladas de biscoito para tomar consciência das coisas, para entender o que se passa, para acordar. Relaxe, vassalo, temos tempo.

Per e Grato parecem contentes e plenos.

Grato é quem pergunta:

– E agora, que fazemos, majestade?

– Nada, como sempre. Vamos esperar em silêncio a movimentação dos inimigos. Ou tem ideia melhor?

– Não, majestade.

– Então, a governar, por séculos e séculos.

Per não se contém:

– Amém.

Grato o repreende:

– Colega, esta banca examinadora é laica. Comporte-se.

– Eu sou rainha do reino e declaro o fim do Estado laico.

– Faça-se vossa vontade, majestade.

Per levanta a mão humildemente para tirar uma dúvida:

– Majestade, em que parte deste prédio gostaria de instalar vosso trono real?

– No gabinete do Queiroz.

– No gabinete do doutor Queiroz?

– Chame-o como quiser. Para mim, é Queiroz, só Queiroz. Expulse-o do gabinete e diga-lhe que estou chegando.

– Majestade, na hipótese de uma negativa...

– Empale-o e que seja na portaria principal, para servir de exemplo.

Per está tenso:

– Majestade, o doutor tem influências.

– Querem acabar com a Monarquia, é isso? Nem bem começo meu reinado e já surge uma ameaça à continuidade do reino? Que querem, que buscam?

– Majestade, almejamos a continuidade.

– Isso dizem, mas tramam contra mim. Queiroz, Queiroz, quem caralho é Queiroz? Aquele Queiroz? Estão falando dele? Daquele Queiroz? Daquele medicote que ousou me diagnosticar com esquizofrenia fenilpirúvica para que me internassem e pudessem ficar com minha aposentadoria? Fenilpirúvica é a mãe dele! É verdade isso? É a esse canalha que querem que me submeta, logo eu, uma majestade do meu calibre? De jeito nenhum. É o gabinete das sombras que ele ocupa indevidamente que eu quero para instalar o trono.

– Majestade, calma! Estamos cuidando do seu bem, dos seus interesses. O homem é poderoso. Não tem cargo oficial, mas atua nos bastidores que é uma beleza. Pelo futuro de nossa Monarquia e principalmente de nossa recém-nascida corte, assessoro no papel de assessor que me foi confiado que o melhor é vossa majestade engolir esse pequeno sapo. –

Grato fez o gesto de quase juntar indicador com polegar da mão direita. – É um sapinho de nada, quase um girino.

– Nunca. Nem bem botei a bunda no trono e já tenho que me sujeitar às influências de um merda qualquer? Nem Queiroz nem outro porra qualquer vai me impedir de reinar como rainha. Quer saber? Já vi que isto não vai dar certo. Nada dá certo neste país de merda. Chega, vou embora e aproveito para decretar o fim da Monarquia. Não posso governar com súditos aliados a um Queiroz qualquer. Se estão com ele, não estão comigo. Impossível ser rainha e perder a majestade. Prefiro levar minha majestade para outra freguesia.

A candidata a rainha se retira, furiosa. Per e Grato parecem paralisados, estão sem ação.

Grato rompe o silêncio:

– Colega, e agora?

– Colega, me parece que temos um vazio de poder.

– Que fazemos?

– Temos que resolver a questão.

– Como?

— Da forma que dita nossa Constituição: "No caso de ocorrer um vazio de poder, ele será exercido pela autoridade que sobrar" – diz Per, de memória.

— Quem sobrou?

— Os dois aqui.

— Nós?

— Vê alguém mais no recinto?

— Só o colega e eu – sorri Grato.

— Pois seremos nós os governantes.

— Não é um golpe?

— Golpe seria se, de repente, ficasse apenas um.

— Entendo.

— Como somos dois, não há golpe, porque nasce de uma decisão colegiada, que é, por definição, democrática. Estamos apenas cumprindo o que a lei determina como a linha de sucessão. Agora temos que fazer o juramento solene, com as mãos postas sobre o livro sagrado. O colega seria tão gentil de pegar o livro sagrado na sala vizinha?

— Vou e volto.

Grato sai, Per corre e tranca a porta com chave:

– Vai e não volta. Pronto, o golpe está dado. Golpe sem derramamento de sangue, golpe limpo, e golpe radical. Agora estou só, só eu para governar, só eu para me fazer obedecer, só eu para gerir os destinos da pátria. Até que enfim. E diziam que eu não servia para nada, diziam que eu era um bosta acabado. Mas eu li muitas revistinhas de sacanagem e uma vez deparei com um tal de Maquiavel e disse para mim mesmo: "Taí um cara legal e bem dotado, que sabe das coisas". Fiquei matutando durante anos e anos sobre os ensinamentos dele. Tentei entrar em algum partido político, mas não deu. Esse pessoal é muito louco, e olhem que estão todos lá fora, soltinhos da silva, aprontando cada um a sua maneira. Eu fiquei na minha, porque sabia que um dia a oportunidade ia pintar. E pintou! Olhem para mim: presidente da República! Brigadão, Maquiavel. Se não fosse por tu, eu lá ia saber que tinha que fechar a porta e depois engolir a chave, para dar um golpe no colega! Viva eu, o mais novo presidente desta República. Ou seria melhor dizer "Viva eu, o mais novo rei deste reino"? Hein?

COLEÇÃO
TIRACOLO
leitura portátil

1   Seleção do presidente da República pelos internos do Manicômio Nacional, de **José Eduardo Alcázar**

Seleção do presidente da República pelos internos do Manicômio Nacional

© José Eduardo Alcázar, 2022

Todos os direitos desta edição reservados à Categoria Editora

Esta é uma obra de ficção, com personagens e situações de livre criação do autor. Não se refere a pessoas ou fatos concretos.

ADMINISTRAÇÃO:
BRUNO VARGAS

DIAGRAMAÇÃO:
MARCOS AURÉLIO PEREIRA

PREPARAÇÃO:
EVERARDO LEITÃO

REVISÃO:
MARIA NEVES

CAPA E PROJETO GRÁFICO:
DESENHO EDITORIAL

ILUSTRAÇÕES:
L.M. MELITE

COORDENAÇÃO EDITORIAL:
MARIA NEVES

DADOS INTERNACIONAIS DE CATALOGAÇÃO NA PUBLICAÇÃO (CIP)
(CÂMARA BRASILEIRA DO LIVRO, SP, BRASIL)

Alcázar, José Eduardo
Seleção do presidente da República pelos internos do Manicômio Nacional / José Eduardo Alcázar. -- 1. ed. -- Brasília, DF : Categoria Editora, 2022.

ISBN 978-65-995940-3-8

1. Ficção brasileira I. Título.

22-121766   CDD-B869.3

ÍNDICES PARA CATÁLOGO SISTEMÁTICO:
1. Ficção : Literatura brasileira   B869.3

Aline Graziele Benitez - Bibliotecária - CRB-1/3129

[2022]
CATEGORIA

SHVP Rua 6 – Condomínio 274
Lote 27A – Loja 1 – Brasília – DF
CEP 72006-600
WWW.CATEGORIAEDITORA.COM.BR

OUTROS LIVROS DA CATEGORIA:

e-Código: como a tecnologia nos levará sem corpo para a vida sem fim,
de everardobr

Não ficção sobre a relação entre ciência e tecnologia: 79 leis apontam o que vai acontecer a partir de agora até o dia em que o ser humano migrar para a plena vida virtual. Não é distopia, não é fantasia: é nosso futuro.

Teoria dos rostos,
de José Eduardo Alcázar

Um povo indígena vítima de exploradores indiferentes, uma mulher de força, um repórter curioso, um dono de garimpo inescrupuloso, um capitão de navio oportunista, um aguaceiro imparável, uma horda de desesperançados, uma cidade em decadência nos confins da floresta. Um romance amazônico.

O inseto friorento e o vento feral,
de everardobr

Dostoievski no dia seguinte ao do fuzilamento simulado, as experiências do homem que cai de escadas, a peculiar Guerra do Escorrega-Morto e mais 22 histórias surpreendentes de personagens cativantes. Realismo mágico como só nós latino-americanos sabemos fazer.

Como um manifesto de incondicional compromisso com a democracia, a liberdade, o respeito e a tolerância, a Categoria edita este livro.

agosto de 2022

Impressão: RETTEC
Papel miolo: PÕLEN BOLD 70 g/m²
Papel capa: Cartão Supremo 250 g/m²
Tipografia: CASLON